本书出版由以下基金项目资助：
重庆市教委人文社会科学研究项目（19SKGH101）
重庆市社科规划项目（2019YBJJ039）
重庆市教委科学技术研究计划项目（KJQN201900903）
重庆市高校国际化人文特色建设非通用语国别区域研究项目（CIISFTGB1905）
四川外国语大学校级科研项目（sisu2019033）
四川外国语大学国别经济与国际商务研究中心科研创新团队项目（gbty2019001）

高质量发展视角下中国绿色经济效率研究

Research on China's Green Economic Efficiency from Perspective of High-quality Development

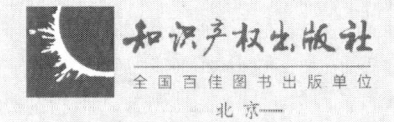

吊小明　黄　森　著

知识产权出版社
全国百佳图书出版单位
北京

图书在版编目（CIP）数据

高质量发展视角下中国绿色经济效率研究/呙小明，黄森著．—北京：知识产权出版社，2020.7
ISBN 978-7-5130-6959-5

Ⅰ.①高… Ⅱ.①呙… ②黄… Ⅲ.①绿色经济—经济效率—研究—中国 Ⅳ.①F124.5

中国版本图书馆 CIP 数据核字（2020）第 092043 号

内容提要

中国各产业层次的绿色可持续增长将有力促进中国整体经济的高质量发展，为此本书从产业这一中观层次考察中国绿色经济效率的发展规律和影响因素，并充分考虑不同区域的独特性与区域之间的相互影响关系，提供具有针对性的政策建议。首先，本书选取中国西部地区和长江经济带两个典型区域来分析研究农业经济绿色转型与影响因素；其次，本书从经济生态价值角度入手评估中国各区域的工业经济生态价值水平，分析影响因素，运用我国工业省际面板数据测算工业绿色效率，实证考察我国各地工业绿色效率的空间布局及产业转移和相关控制变量对工业绿色效率的影响；再次，本书以第三产业中的旅游业为例，实证测度中国各区域旅游业的绿色效率并分析影响因素；最后，本书评测了不区分行业的中国整体区域绿色经济效率及其与外国直接投资的关系，并单独以重庆为例进行分析。本书期望为研究绿色经济的学者与奋战在中国绿色经济发展一线的朋友带来启示和收获。

责任编辑：张 珑 苑 菲　　　　　　责任印制：孙婷婷

高质量发展视角下中国绿色经济效率研究
GAOZHILIANG FAZHAN SHIJIAOXIA ZHONGGUO LÜSE JINGJI XIAOLÜ YANJIU
呙小明　黄 森　著

出版发行：知识产权出版社 有限责任公司	网　　址：http://www.ipph.cn
电　　话：010-82004826	http://www.laichushu.com
社　　址：北京市海淀区气象路 50 号院	邮　　编：100081
责编电话：010-82000860 转 8574	责编邮箱：laichushu@cnipr.com
发行电话：010-82000860 转 8101	发行传真：010-82000893
印　　刷：北京中献拓方科技发展有限公司	经　　销：各大网上书店、新华书店及相关专业书店
开　　本：720mm×1000mm　1/16	印　　张：12
版　　次：2020 年 7 月第 1 版	印　　次：2020 年 7 月第 1 次印刷
字　　数：178 千字	定　　价：58.00 元
ISBN 978-7-5130-6959-5	

出版权专有　侵权必究
如有印装质量问题，本社负责调换。

前　言

党的十九大提出，我国经济已由高速增长阶段转向高质量发展阶段。在此背景下，如何以高质量发展理念引领经济转型，推动实现人与自然和谐共生、发展与环保协同共进，让良好的生态环境成为经济高质量发展的支撑点，将具有重要的理论价值和实践意义。绿色经济强调经济发展和环境保护的协调统一，是世界发展的大趋势，实施绿色新政、发展绿色经济是全球主要经济体的共同选择，更是我国经济高质量发展的一大源动力。大力发展绿色经济、提高经济方面的绿色发展效率，是我们的必然选择。绿色经济效率是绿色经济增长理论下的经济效率，是经济效率概念发展至今的高级表达。准确把握绿色经济与绿色经济效率的内涵、寻觅绿色经济效率的时空规律、探索影响绿色经济效率提升的关键因素，将为中国实现经济高质量发展寻找到一个强有力的突破点。

中国地域广阔，各区域之间资源禀赋分布和经济发展存在不平衡，发展绿色经济并不适用于"一刀切"的政策，加上各产业之间的具体结构、演化特点、技术条件也各不相同，本书将针对不同地区、不同产业来进行研究，将国民经济划分为三大产业，采用前沿模型评价方法，从产业这一中观层次来研究中国绿色经济效率的发展规律和影响因素，并充分考虑不同区域的独特性与区域之间的相互影响关系。本书主要研究内容如下：

（1）本书对绿色经济效率概念和相关理论以及研究文献进行了归纳整理，以此作为后续研究的基础。从农业绿色经济效率、工业绿色经济效率和第三产业绿色经济效率三方面入手对国内外相关理论和研究文献进行比较和整理，梳理了关于不区分产业的区域绿色经济效率的文献，总结已有研究的优点和不足之处，为后续本书的研究奠定坚实的理论基础。

（2）农业经济绿色转型与影响因素的研究。本书分别选取了中国西部地区和长江经济带两个典型区域来进行分析。首先基于 2007—2016 年我国西部地区 11 个省区市的面板数据，建立农业经济绿色转型的理论模型，在理论模型的基础之上运用 Malmquist – Luenberger 指数（简称"ML 指数"，修正的 Malmquist 指数）测度我国西部地区的农业绿色转型水平，并利用空间面板计量模型进一步实证考察了西部地区农业机械化发展和相关控制变量对该区域农业绿色转型的影响，得出的研究结论表明，中国西部地区农业绿色转型已初见成效，在波动中呈上升趋势，但整体转型水平还较低，有较大发展潜力。西部地区农业机械化作业水平对农业绿色转型有积极的推动作用，而农业机械化装备水平则表现出了相反的力量。此外，农民收入提高和农业技术水平的提升对整个西部地区农业绿色转型有积极的影响；而农业人力资本的影响呈现出区域分化，即西北地区农民受教育水平的提高能促进农业绿色转型，西南地区则相反；地方对农业的财政支出没有表现出对农业绿色转型的显著影响。接着，本书选取长江经济带来进行分析，根据空间经济学的基本原理，在"中心 – 外围"模型基础上修正得到多元空间经济模型，以此对长江经济带 11 个省区市进行空间数理建模，系统性地分析区域板块化和区域经济一体化哪种模式更适合长江经济带发展。在论证了长江经济带发展采用区域经济一体化模式更为合理之后，本书基于长江经济带 11 个省区市 2008—2017 年的面板数据，运用 SE – Window – DEA 模型定量测度了长江经济带区域以及全国范围经济绿色效率的高低，得出的结论显示，长江经济带的农业绿色效率稳中有升，且高于全国平均水平，但大部分年份并未达到有效水平值，还有较大的提升空间。

（3）工业经济生态价值评价与绿色效率水平分析。本书首先从经济生态价值角度入手，评估 2006—2015 年中国各区域的工业经济生态价值水平，发现中国区域工业生态效率总体水平比较低，约 2/3 的省份处在全国平均水平以下，但趋势逐年好转。省际之间的工业经济生态价值差距很大，排名依次为东部、中部和西部。进而本书利用多元回归模型分析出影响工业经济生态价值的影响因素，发现工业企业的研发投入、外资利用和工业污染治理能起积极作用，而工业企业的重工业比重则没能产生同样的影响。接着，本书根据2006—2015年我国工业省际面板数据，基于SBM-undesirable模型，测算了考虑多种投入和非期望产出的工业绿色效率，并利用空间局域LISA指数和空间滞后计量模型进一步实证考察了我国各地工业绿色效率的空间布局以及产业转移和相关控制变量对工业绿色效率的影响，得出研究结论表明，就整体平均水平而言，中国工业发展绿色效率并没有达到有效的水平，且总体呈波动中下降的趋势。分区域来看，区域间工业绿色效率差异较大，水平由高到低排列依次为东部、中部、西部。中国部分省区市之间已形成了稳固的空间集群；此外，中国的工业产业区域转移对工业绿色效率并没有起到积极的作用，政府通过治理污染的投入来规制环境也未能明显地带动工业绿色效率的提高，但技术进步，尤其是绿色技术的研发对于工业绿色效率能够起到正面的影响。

（4）第三产业、尤其是旅游业的绿色效率分析。本书以第三产业中的旅游业为例，将三阶段DEA模型应用于中国2010—2014年各区域旅游业的绿色效率研究，发现只有东部的投入产出规模和综合效率达到了最优，中西部地区则还有提高的空间，中西部地区与东部地区的差距还十分明显。各省城市化水平、绿色交通水平对于旅游业绿色效率的提高能够起到积极的作用；而各省技术创新水平、对外开放度与预期相反，由于旅游业自身的特点和衡量方法等原因，对旅游业绿色效率的提高产生了反向作用。

（5）不区分行业的中国整体区域绿色经济效率及其与国外直接投资（FDI，受数据获取限制，本书中中国香港、澳门、台湾地区直接投资也被计入FDI计算）的关系。本书首先运用2006—2015年我国30个省域的面板数据，基于super-SBM-undesirable模型，测算了考虑多种投入和非期望产出的区域经济绿色转型效率，发现中国各区域经济绿色转型效率平均还未达到有效水平，由高到低排列依次为东部、西部、中部、东北部。空间面板计量模型的实证结果发现，不同偏好的FDI对该地区经济绿色转型效率的影响具有不同的特征。接着，本书以重庆为例，通过实证研究，验证了不同来源地的FDI以及重庆外资企业出口占比、外资单项投资规模、外资企业出口额中加工贸易方式出口占比这三大FDI非数量特征对重庆能源利用效率的影响存在显著差异。

本书主要的创新性如下：

（1）在农业经济绿色效率研究上，目前对于农业经济发展绿色转型的定量测度较为缺乏，大多简单将农业绿色全要素生产率作为替代指标，本书根据科布道格拉斯生产函数，建立农业经济绿色转型的理论模型，在理论模型的基础之上运用 Malmquist - Luenberger 指数来更准确地测度我国西部地区的农业绿色转型水平，是在农业绿色经济领域的初次尝试。

（2）现有文献较少从农业机械化发展的角度来考虑农业绿色发展的问题，在引用农业机械化水平的时候也多简单将农机总动力作为替代指标，但是，农业机械化发展是农业现代化十分重要的一个环节，同时也对农业绿色发展有着巨大影响。本书尝试从这一独特角度出发，以更完善的农业机械化指标来探讨两者之间的关系，力求为农业实现现代化与绿色化这两大目标做出一些贡献。

（3）已有文献在对工业绿色经济效率的测度方面已臻于成熟，但鉴于时间段的差异和具体测度方法的不同导致结果并不完全趋同，尤其对于工业绿色经济效率的影响因素持有争议，也还没有文献专门从产业转移视角来探索工业绿色效率的变动原因。此外，虽然有部分学者考察了空间差异，但没有运用空间经济学的方法，因此，本书试图运用空间计量模型，从产业转移的视角来研究中国工业绿色效率的时空演变，也是一个有益的尝试。

（4）目前对于旅游业经济绿色效率进行测算的文献很少，对于旅游业经济绿色效率的影响因素进行研究的文献更少。本书利用三阶段 DEA 模型，兼顾宏观与中观视角，考察中国各区域省区市的旅游业绿色经济效率大小及其影响因素，对于旅游业绿色发展领域的研究将是有益的补充。

（5）目前关于 FDI 对东道国经济绿色转型发展的影响研究仅关注 FDI 总量，没有充分考虑 FDI 的异质性问题，从而难以得出一致的有说服力的结论。本书全面考虑了 FDI 的异质性偏好，包括规模偏好、进入方式偏好、动机偏好和行业偏好四个方面，首次探讨异质 FDI 进入中国对中国区域经济绿色转型发展效率的影响，这在同类研究中具有一定的新意。

目 录

1 绪论 ··· 1
  1.1 研究背景 ·· 1
  1.2 研究意义 ·· 2
  1.3 主要研究内容 ··· 3
  1.4 研究方法 ·· 5
  1.5 主要创新点 ··· 6
  1.6 本章小结 ·· 7

2 相关理论及文献综述 ·· 9
  2.1 绿色经济理论 ··· 9
  2.2 绿色经济效率概念界定 ··· 12
  2.3 产业经济绿色效率的研究现状 ································ 14
  2.4 区域绿色经济效率的研究现状 ································ 23
  2.5 本章小结 ·· 26

3 中国农业绿色转型发展研究 ··· 27
  3.1 中国农业经济发展与环境 ······································ 27
  3.2 西部地区农业绿色转型与农业机械化发展 ················ 28
  3.3 长江经济带农业绿色效率研究 ································ 45
  3.4 本章小结 ·· 69

4 中国工业生态价值与绿色效率研究 ································ 71
  4.1 中国工业经济发展与环境 ······································ 71

· v ·

- 4.2 中国工业生态价值评价 …… 72
- 4.3 中国工业绿色效率与区域产业转移 …… 84
- 4.4 本章小结 …… 96

5 中国第三产业绿色效率与影响因素分析 …… 98
- 5.1 中国第三产业经济发展与环境 …… 98
- 5.2 旅游业绿色效率差异及影响因素研究 …… 99
- 5.3 本章小结 …… 120

6 中国区域经济绿色转型与异质性 FDI …… 122
- 6.1 中国区域经济绿色转型的必然性 …… 122
- 6.2 中国区域经济绿色效率测度：基于 super – SBM – undesirable 模型 …… 123
- 6.3 中国区域经济绿色转型与 FDI 的关系假说 …… 127
- 6.4 FDI 偏好影响中国区域经济绿色效率的实证检验 …… 132
- 6.5 异质性 FDI 对中国能源效率的影响：以重庆为例 …… 138
- 6.6 本章小结 …… 149

7 总结 …… 151
- 7.1 研究结论与政策建议 …… 151
- 7.2 未来研究展望 …… 162

参考文献 …… 163

1 绪　　论

1.1 研究背景

改革开放以来，中国经济保持了40年的高速增长，经济实力显著提升，人民生活水平大大提高，随着中国发展步入新时代，社会的主要矛盾已经转化为人民日益增长的美好生活需要和不平衡不充分的发展之间的矛盾。在此背景下，发展绿色经济是中国经济发展的必然选择，也能更大程度地满足人民对美好生活的向往，是中国实现高质量发展的一个关键发力点。发展绿色经济是一种新型的发展模式，它基于生态环境容量的约束以及资源承载力的制约，把环境保护作为通往可持续发展道路的重要支持。为此，"十三五"规划强调破解发展难题，必须牢固树立并切实贯彻绿色发展的理念，"解决好人与自然和谐共生问题""坚定走生态良好的文明发展道路"。党的十九大报告把"美丽"二字写入社会主义现代化强国的目标，把"坚持人与自然和谐共生"列入新时代中国特色社会主义的基本方略，把"推进绿色发展、加快生态文明体制改革"作为专门章节来加以部署，还提出要"形成绿色发展方式和生活方式，坚定走生产发展、生活富裕、生态良好的文明发展道路，建设美丽中国，为人民创造良好生产生活环境，为全球生态安全做出贡献"。绿色发展已经成为时代潮流，面对日趋激烈的国际竞争，我们必须将"绿色"视为新的经济发展的底色，把环境约束转化为绿色机遇，加快制定绿色发展战略，提出中国特色绿色发展思想，用以指导产业转型升级并促进新兴产业发展，寻找新的经济增长点。因此，对于中国而言，如何提升绿色经济效率，促进绿色增长，实现中国经济的高质量发展,是亟待解决的关键问题。

目前学术界对于可持续发展、科学发展观、生态文明建设等绿色发展相关问题的研究较为丰富,而对于高质量发展要求下如何在各个产业层面有针对性地推进绿色发展、提升绿色经济效率的理论和实践研究尚未系统展开。为了实现经济绿色发展的战略目标,适应社会经济发展模式的绿色转型需要,研究高质量发展背景下我国绿色经济发展如何全面提速增效是一个十分必要且紧迫的课题。

1.2 研究意义

处于发展新时代的中国,需要在保持经济持续增长的同时,积极主动地面对各种严峻环境问题的挑战。发展绿色经济是对粗放式、高污染、高消耗的传统经济发展方式的反思和否定,是建设美丽中国的核心内涵,是新时代经济发展的新任务,是进一步推进生态文明建设的新要求。因此,在建设美丽中国、实现高质量发展已成为普遍共识的背景下,全面系统地研究我国各个地区、各个产业如何提升绿色经济的效率,有效促进绿色发展,不仅具有较高的理论价值,也具有极强的现实意义。

从理论意义上来看,本书以党的十九大精神为引导,针对我国各区域、各产业的经济发展与环境资源约束情况,将国民经济划分为三大产业,采用前沿模型评价方法,从产业这一中观层次来研究中国绿色经济效率的发展规律和影响因素,并充分考虑不同区域的独特性与区域之间的相互影响关系。研究将构建区域经济绿色效率投入产出指标体系、农业经济绿色转型的理论模型、修正多元空间经济模型等理论模型,并运用 super – SBM – undesirable 模型、SE – Window – DEA 模型、Malmquist – Luenberger 指数、方向性距离函数、空间探索技术等前沿方法进行实证研究,丰富和完善了区域经济绿色转型发展的相关理论基础。

从现实意义上来看,本书紧扣党的十九大报告"践行绿色发展理念,建设美丽中国"精神和国家"十三五"规划,密切关注中国各区域和各产业的资源环境情况和绿色经济发展水平，以最新数据为基础，从产业这一中观层次来研究中国绿色经济效率的发展规律和影响因素，科学地对各区域各产业的绿色经济效率进行静态对比以及动态变化状况分析，基于现实统计数据为各区域绿色经济的发展及效率提升提供参考，为各区域推动其绿色发展提供决策依据，这也将为我国中央政府均衡区域绿色发展，为各地区地方政府、行业、企业做出绿色转型决策和实践绿色发展提供有益参考。

1.3 主要研究内容

本书以资源环境理论、制度经济学、空间经济学及产业经济学等相关理论为指导，遵循经济研究的整体性、规范性、学术性以及开放性等基本原则，结合绿色发展提出的理论与现实背景，以中国绿色发展的实践为依据，在理论分析和实证分析的基础上，研究新时代提升绿色经济效率、推进绿色深入发展的机理和路径。

本书具体的研究内容如下：

第1章为绪论。本章首先阐明了本书的研究背景和研究意义，对全书整体思路、研究方法以及主要贡献和创新之处作了说明。

第2章为国内外研究现状综述。本章回顾了绿色经济的理论发展历程，对绿色经济效率的概念界定进行了详细介绍，系统梳理了关于中国三大产业的绿色经济效率及影响因素研究的文献，以及不区分产业的中国区域绿色经济效率及影响因素研究的文献，并结合本书的研究总结、提炼出已有研究的优点和不足之处，为后续本书研究奠定坚实的理论基础。

第3章为中国农业绿色转型发展研究。本章分别选取了中国西部地区和长江经济带两个区域来进行分析。首先基于2007—2016年我国西部地区各省区市的面板数据，建立农业经济绿色转型的理论模型，在理论模型的基础之上运用 Malmquist-Luenberger 指数测度我国西部地区的农业绿色转型水平，并利用空间面板计量模型进一步实证考察了西部地区农业机械化发展和相关控制变量对该区域农业绿色转型的影响；接着，从长江经济带的角度来进行分析，根据空间经济学的基本原理，在"中心-外围"模型基础上修正得到多元空间经济模型，以此对长江经济带11省区市进行空间数理建模，系统性的分析区域板块化模式和区域经济一体化模式哪种更适合长江经济带发展。在论证了长江经济带发展采用区域经济一体化模式更为合理之后，基于长江经济带各省区市2008—2017年的面板数据，运用SE-Window-DEA模型定量测度了长江经济带区域以及全国经济绿色效率的高低，并对长江经济带农业绿色效率的时空变化进行分析。

第4章为中国工业生态价值与绿色效率研究。本章首先从经济生态价值角度入手，评估2006—2015年中国各区域的工业经济生态价值水平，进而利用多元回归模型分析出影响工业经济生态价值的影响因素。接着，运用2006—2015年我国工业省际面板数据，基于SBM-undesirable模型，测算了考虑多种投入和非期望产出的工业绿色效率，并利用空间局域LISA指数和空间滞后计量模型进一步实证考察了我国各地工业绿色效率的空间布局以及产业转移和相关控制变量对工业绿色效率的影响。

第5章为中国第三产业绿色效率与影响因素分析。本章主要以第三产业中的旅游业为例，将三阶段DEA模型应用于中国2010—2014年各区域旅游业的绿色效率研究，充分考察各省城市化水平、绿色交通水平、各省技术创新水平、对外开放度等复杂因素对旅游业绿色效率产生的各种影响。

第6章为中国区域经济绿色转型与异质性FDI。本章首先运用2006—2015年我国30个省域的面板数据，基于super-SBM-undesirable模型，测算了考虑多种投入和非期望产出的区域经济绿色转型效率，进而运用空间面板计量模型实证检验不同偏好的FDI对该地区经济绿色转型效率的不同影响，接着，以重庆为例，通过实证研究，分析不同来源地的FDI以及重庆外资企业出口占比、外资单项投资规模、外资企业出口额中加工贸易方式出口占比这三大FDI非数量特征对重庆能源利用效率的影响。

第7章为总结。本章对全文的研究进行了总结，主要是对此前各章节的重要结论进行回顾和提炼，指出本书研究的创新点以及对于改善中国绿色经济效率、实现经济可持续发展的一些启示，并提出未来可以进一步深入探讨的方向与问题。

图1.1为本书的逻辑结构图。中国三大产业经济绿色效率部分各自对应于第三章、第四章和第五章，区域整体经济绿色效率部分对应于第六章。

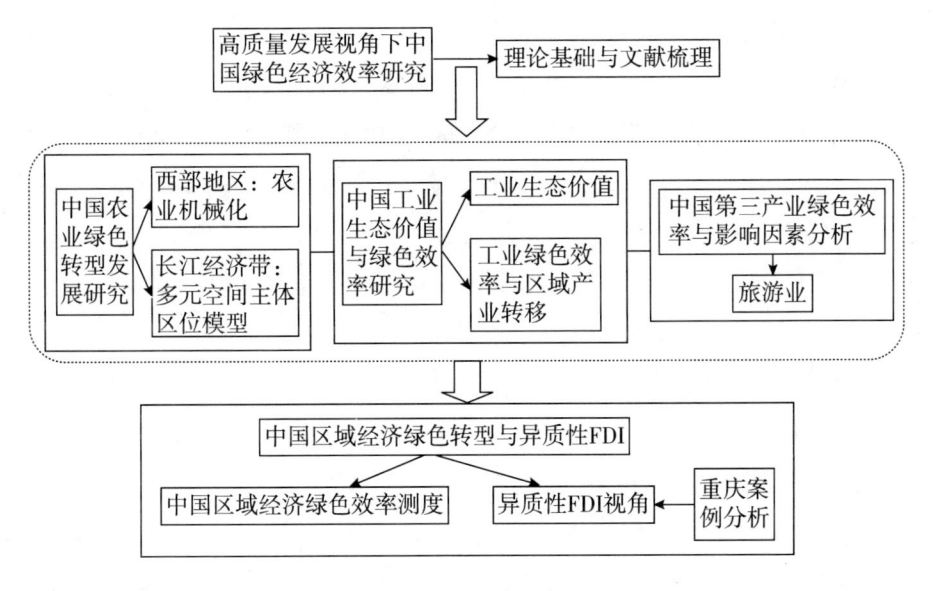

图1.1 本书逻辑结构

1.4 研究方法

在研究方法的选择上，本书通过分别对中国国民经济组成部分即三大产业的特点进行分析，充分借鉴产业经济学、经济增长理论、绿色经济学、空间经济学和计量经济学等领域的研究成果，采取理论分析与实证研究相结合的研究方法，对中国十多年以来三大产业的绿色经济效率如何波动、波动的原因以及将来的发展趋势做出了合理的解释。

本书围绕绿色经济效率的评价和影响因素进行研究，主要采用了以下一些分析方法：

（1）文献研究与理论研究并举。本书充分借鉴国内外有关绿色经济、绿色效率、经济转型的相关研究，结合环境经济学、产业经济学、区域经济学、制度经济学等多学科知识，通过国内外大量文献的研读，为研究方案的确定、关键概念的明晰、关键变量的定义、理论分析框架的构建提供支持。

（2）模型推演与实证分析相融合。本书基于方向性距离函数构建农业绿色转型升级潜力模型，根据空间经济学的基本原理，在"中心－外围"模型基础上修正得到多元空间经济模型；同时本书也运用了 super – SBM – undesirable 模型、SE – Window – DEA 模型、Malmquist – Luenberger 指数、方向性距离函数、空间探索技术等前沿方法进行相应的实证研究。

（3）动态对比与静态分析相搭配。本书在模型测度各产业绿色经济效率水平基础上，对于全国各个省区市的效率水平进行横向的静态空间分析，同时，也会根据时间的变化，详细评价一个区域绿色经济效率的动态变化情况，结合时间和空间的时空演变分析能够为中国经济绿色转型发展路径的搭建给出更加完整和系统的框架。

（4）典型区域考察与独特视角辨析相结合。本书在讨论中国农业绿色经济效率问题时，选取了具备典型性的西部地区和长江经济带区域；在讨论农业绿色经济效率影响因素时，注重考察农业机械化这一重要变量，在考察中国工业绿色效率问题时，则从产业转移这一更加贴合中国工业发展现实的视角出发。这些独特的视角和典型的区域分析能够为全书的分析带来更多的具备实践指导意义的结论。

1.5 主要创新点

本书主要做出了如下几个创新性的贡献：
（1）在农业经济绿色效率研究上，目前对于农业经济发展绿色转型的定量测度较为缺乏，大多简单将农业绿色全要素生产率作为替代指标。本书根据科布道格拉斯生产函数，建立农业经济绿色转型的理论模型，在理论模型的基础之上运用 Malmquist – Luenberger 指数来更准确地测度我国西部地区的农业绿色转型水平,是在农业绿色经济领域的初次尝试。

(2) 现有文献较少从农业机械化发展的角度来考虑农业绿色发展的问题,在引用农业机械化水平的时候也多简单将农机总动力作为替代指标,但是,农业机械化发展是农业现代化十分重要的一个环节,同时也对农业绿色发展有着巨大影响,本书尝试从这一独特角度出发,用更完善的农业机械化指标来探讨两者之间的关系,这将对农业同时实现现代化与绿色化这两大目标做出积极的贡献。

(3) 已有文献在对工业绿色效率的测度方面已臻于成熟,但鉴于时间段的差异和具体测度方法的不同导致结果并不完全趋同,尤其对于绿色效率的影响因素持有争议,也还没有文献专门从产业转移视角来探索工业绿色效率的变动原因,此外,虽然有部分学者考察了空间差异,但没有运用空间经济学的方法,因此,本书试图运用空间计量模型,从产业转移的视角来研究中国工业绿色效率的时空演变,也是一个有益的尝试。

(4) 目前对于旅游业经济绿色效率进行测算的文献很少,对于旅游业经济绿色效率的影响因素进行研究的文献更少,本书利用三阶段 DEA 模型,兼顾宏观与中观视角,考察中国各区域省区市的旅游业绿色效率大小及其影响因素,对于旅游业绿色发展研究领域的文献将是有益的补充。

(5) 目前关于 FDI 对东道国经济绿色转型发展的影响研究仅关注 FDI 总量,没有充分考虑 FDI 的异质性问题,从而难以得出一致的有说服力的结论。本书全面考虑了 FDI 的异质性偏好,包括规模偏好、进入方式偏好,动机偏好和行业偏好四个方面,首次探讨异质 FDI 进入中国对中国区域经济绿色转型发展效率的影响,这在同类研究中具有一定的新意。

1.6 本章小结

本章主要对本书的研究背景、研究意义、研究内容、研究方法以及创新点进行了阐述。在建设美丽中国、实现高质量发展已成为普遍共识的背景下,全面系统地研究我国各个地区、各个产业如何提升绿色经济的效率的文献尚不多见，为了实现我国经济绿色发展的战略目标，适应社会经济发展模式的绿色转型需要，研究高质量发展背景下我国绿色经济发展如何全面提速增效是一个十分必要且紧迫的课题，具有重要的理论意义和实践意义。

2 相关理论及文献综述

2.1 绿色经济理论

任何理论都是历史与时代的产物，是实践、认识、实践、再认识的一个循环往复的过程。绿色经济作为当今风靡全球的经济发展新模式，其概念与理论内涵也是在世界各国的探索中不断与时俱进、日渐成熟，另外，与绿色经济相似含义的术语的比较研究有助于读者更好厘清思路。下面，本书分别从纵向、横向两维度对绿色经济概念与理论内涵进行剖析。

（1）纵向剖析——"绿色经济"的萌芽

大约在1965—1975年期间，由发展中国家先发起，之后蔓延至发达国家乃至波及全球的"绿色革命"运动标志着绿色经济萌芽的诞生。经历了第二次世界大战后的发展中国家，一方面人口与日俱增，另一方面粮食等农产品短缺，因此普遍存在食物供给不足与人口过快增长带来的需求剧增的矛盾。人口的增长虽充裕了劳动力市场，然而就业岗位有限，直接导致人们工资水平低下，以上经济社会问题大大促进了新技术的应用，向"绿色革命"提出要求的同时也提供了条件（赵斌，2006）。

"绿色革命"旨在培育高产品种、提升化肥利用率、最终达到增产的目标。"绿色革命"运动大大促进了农作物的生产率，家畜的生产率也得到了相应的提高，社会矛盾得到极大的缓解。"绿色革命"还促进了诸多农业科研机构的成立与发展，如国际热带农业中心、国际植物遗传资源委员会、国际水稻研究所和国际食物政策研究所等。当时，"绿色革命"促进粮食增产，诱导粮食价格降低，给剩余劳动提供就业机会，极大地缓和劳动力的盲目流失和阶层矛盾，可以毫不夸张称它为全球农业生产的一个重要转折点（施本植、许树华，2015）。

"绿色革命"与本书所要探讨的绿色经济显然不同，但是当"绿色革命"发展至高潮阶段，发达国家学者敏锐地察觉到工业革命带来的生态、环境问题，如伦敦烟雾公害事件，人类的"绿色"意识随之被唤醒。之后人们以"绿色运动"的形式全面反思当时的文化、社会观念，生活、生产方式，并提出社会经济的发展要综合协调环境、资源，走可持续发展的道路，卡逊于1962年在其生态经济学著作 The Silent Spring 中揭示了环境污染问题的严重性，得到了广大学者特别是经济学家的广泛关注，传统经济的弊端日益显现，与此同时，有关资源优化利用与兼顾环境以达到经济目的的定量研究也在学界开展，如斯蒂格利茨和达斯格普塔（Stiglitz，Dasgupta）（1971）、索罗（Solow）（1974）、阿格因和豪伊特（Aghion，Howitt）（2000）等在经济增长数学模型中纳入资源与环境变量。一种新兴经济模式正在人类的思想碰撞中擦出火花，毫无疑问，"绿色革命"为绿色经济思想理论的生根发芽埋下了种子。

（2）纵向剖析——绿色经济概念演化

人类对于绿色经济的定义经历了漫长的过程，但其含义、内容正日渐丰富、全面、准确、契合时代。西方绿色经济思想经历了"浅绿色"与"深绿色"思想的争鸣，"浅绿色"夸大了技术进步对缓解资源与环境压力的作用，"深绿色"则指出技术进步不能解决经济社会问题的本质，即社会机制缺陷，这对于"浅绿色"来讲是一种进步，然而"深绿色"提出"反现代化"与"反技术进步"思想，认为"现代化"自身是人类陷入困境的原因且把人为对自然的改变都看作是有害的（叶晓，2017）。国内学者只有少数主张"深绿色"思想，大多将绿色经济看作是实现经济转型的手段与目标。概而言之，人类对"绿色经济"的认识随着理论认识的深化与经济社会的发展呈现阶段性特征，1989—2009年为第一个大阶段，传统"绿色经济"将环境与生态纳入经济增长模型作为变量，其中环境经济学界将其作为外生变量，而生态经济学界将经济-生态环境视为一个整体、系统，将其作为内生变量。而从2010年至今为第二个大阶段，属于"经济社会-资源环境"综合视角绿色经济,以经济增长、改善环境、节约资源、生态系统服务功能提升为手段,以提高人类福祉与社会公平为最终目标。

(3) 横向剖析——绿色经济与可持续发展

绿色经济与可持续发展既有联系又有区别。一般认为,可持续发展指"在不损害后代并满足他们自身需求的情况下,满足当代需求的能力(Abramovitz, 1991)"或"自然生态环境的承载能力上限内提升人类生活质量(盛馥来、诸大建,2015)"。然而可持续发展过程中遇到了诸如环境污染、区域差距与就业保障能力弱等的挑战,进展缓慢,许多国家在国际会议上作出承诺,但回到本国的现实中,发展仍是硬道理,制定的指令性政策往往是被动的,还有缺少资金、技术、能力等因素,都或多或少地影响着可持续发展的进程。但根本阻碍在于可持续发展缺乏理论创新,一方面"强可持续"要求不能减少自然资本总量(环境产品给人类和生活带来效益,其中自然资源部分在绿色经济下形成新的资产类别,即"自然资本"),另一方面"弱可持续"只要求资本总量不可减少。即自然资本的减少可以从其他资本中得到弥补。毫无疑问,这两条线路都是极端的,另外,两种理论都是基于资本存量的保存,而不是探索如何积极创造和积累新型资本,如环保资本,通过提升能源与资源利用效率来促进经济增长,这一点恰是绿色经济的新含义所在(曾贤刚等,2012)。绿色经济是以可持续发展所遇到的问题为导向的,"里约+20"也确定绿色经济是实现可持续发展的一个重要工具(诸大建,2008)。由此可见,"绿色经济"是基于"可持续发展"理论的升华、新发现,绿色经济是实现可持续发展的崭新路径、方法,可持续发展依然是人类今后发展的远大目标。

(4) 横向剖析——绿色经济与循环经济、低碳经济、生态文明

联合国环境规划署理事会第二十七届会议和全球部长级环境论坛通过了"在可持续发展和消除贫困背景下的绿色经济"决议,承认并鼓励各国实施与绿色经济相关的政策,但不一定以绿色经济命名。生态文明是可持续发展的中国化,是可持续发展的道路之一。生态文明进入我国高层政策体系,源于中国共产党十七大全面建设小康社会中生态文明方面的新要求。2012年,党的十八大提出"政治、经济、社会、生态、文化"五位一

体顶层战略,将生态文明建设提高到一个新的高度。与生态文明相比,绿色经济概念范围更小,绿色经济关注的重点是生态文明中经济增长与资源环境的关系,但绿色经济的人民社会福祉内涵同样不可忽视(杨志、张洪国,2009)。生态文明包括了相对独立于文化、政治、社会、经济的管理内容,以及具有融入性的内容,而绿色经济更多是包含后者,生态文明是同时包含了"为了发展的环境"与"为了环境的发展",与传统的环保理念相比较,更多地体现出绿色发展的含义,意味着发展模式由末端治理向主动进取的转型。低碳经济、循环经济则是我国实现绿色经济转型的具体形式与实现路径,只是两者作用的物质对象和重点有所区别,低碳经济注重的是能源流和诸多碳排放的问题,循环经济则关注物质流和废物流问题(Jensen,Sublett,2017)。

2.2 绿色经济效率概念界定

"效率"(efficiency)一词最早出现在拉丁文中,表示有效的因素。效率的概念最早应用在物理学中,例如,机械效率表示有用功与总功的比值。后来,效率被广泛应用在管理和经济领域,成为这些领域研究的一个核心概念。

弗朗斯瓦·魁奈(Francois Quesnay)是最早提出将效率一词应用于经济学研究的经济学家,许多后来的经济学家对经济效率概念给出了多种解释,其中应用最广的是帕累托效率和生产效率。意大利经济学家帕累托给出的经济效率定义如下:对于某种经济的资源配置,如果不存在其他生产上可行的配置,使得该经济中所有个人至少和他们在初始时情况一样好,而且至少有一个人的情况比初始时严格更好,那么这个资源配置就是最优的。帕累托效率概念强调的是个人的主观评价,只是一个序数效用意义上的经济效率概念。

生产效率作为生产经济学、厂商理论中最基本、最重要的概念,主要反映生产单元实际生产状况与最佳生产组织情形的差距。这里的生产单元被视为将资本、劳动、原材料等投入转换为产品或服务等产出的转换器。生产单元生产的过程即是产生价值的过程。不同价值衡量指标在价值产生过程中扮演了不同的角色,对于经济主体而言,生产的最终目标是为了实现利润最大化,因此在生产过程中降低投入成本,从而以最少的付出获得最大收益。虽然生产效率一直是学术界关注的核心问题,但是到目前为止还没有明确的涵义。简而言之,生产效率指的是一个经济地区、行业或企业在既定条件下实现成本最小化或收益最大化,即在既定成本条件下实现收益最大化,或是在既定收益条件下实现成本最小化,这一定义是被当前学术界广泛接受的关于生产效率内涵的解释。

全要素生产率是衡量单位总投入的总产出的生产率指标,是以全要素的相对价格占总成本的比重或要素的产出弹性为权数,对各要素的生产率进行加权平均而得到的。20世纪50年代,以索罗为首的学者们将技术进步引入生产效率评价模型,形成了全要素生产率的概念,用来衡量一个国家或地区经济增长质量和技术进步、管理效率水平。全要素生产率是基于技术进步基础上提出的生产效率评价指标,是指总产量与全部投入生产要素之比,用来衡量一个国家或地区经济增长质量和技术进步、管理效率水平。全要素包括有形生产要素和无形生产要素:有形生产要素包括资本、劳动、土地三个基本的生产要素;无形生产要素主要包括管理和技术两个基本的生产要素。全要素生产率的增长率是指全要素生产产出增长率超出要素投入增长率的部分,"全"的意思是经济增长中不能分别归因于有关的有形生产要素的增长的那部分,因而全要素生产率可以用来衡量除去所有有形生产要素以外的纯技术进步的生产率的增长。与单一生产要素生产效率相比,全要素生产效率更加合理。在实际生产过程中,决定最终产出的并非是某单一生产要素,而是各种生产要素的组合,单要素生产率只能评价某一种要素的生产效率。全要素生产率可以评价生产系统的生产效率,因此,单要素生产率所测算的效率具有单一性和片面性。与单要素生产率不同,全要素生产率是反映经济增长质量的总体指标,是探究经济增长源泉的重要工具。全要素生产率分析有助于进行经济增长源泉的分析,即分析各种生产要素增长、技术进步等对经济增长的贡献,识别经济是要素投入增长型还是效率提高型，从而确定经济增长的可持续性。

绿色经济效率是一种考虑了环境因素的全要素生产效率，也称为绿色全要素生产效率或绿色效率。绿色经济效率应包括三方面的内容：其一，绿色经济效率终归是评估某区域经济效率的量，从投入产出角度看，是投入诸要素的利用效率，即获得期望产出的能力；其二，绿色经济效率源于经济效率，却又高于经济效率，需综合考虑资源、环境投入与非期望产出，是一种综合的经济效率；其三，绿色经济效率获得的终极目标是人类的发展，体现为人类福祉与社会公平等。

绿色经济效率是绿色经济增长理论下的经济效率，是经济效率概念发展至今的高级表达。新时代中国特色绿色发展具有高效性特征，是绿色经济化、效率最大化的发展。效率评价作为一种管理措施，其目的在于诊断管理中存在的问题，为变革和创新管理方式与方法提供依据，进而实现管理成效的"持续性改进"（甄霖等，2013）。绿色经济效率反映一个社会的绿色生产力，旨在追求人与自然和谐、经济增长与环境保护融合、经济效益、社会效益及生态效益最大化的社会发展方式。绿色经济效率不仅越来越倾向表示绿色发展的结果，还表示达成结果的最佳过程。经济绿色发展即"绿色＋发展"，绿色经济效率是充分体现经济持续增长和资源环境节约共赢的综合指标，是考虑资源消耗和环境污染的经济效率。绿色经济效率全面考虑了经济活动的能源消耗和环境污染代价，与学术界和政策部门有关绿色发展的论述一致，与新时代中国正在深入推进的绿色转型发展的内在要求契合（赵领娣等，2016）。

2.3 产业经济绿色效率的研究现状

2.3.1 农业绿色效率的研究现状

传统的农业生产率主要是对农业产量和农业经济绩效进行评价，通常忽视了农业生产过程中对环境造成的负面影响，这种测算评价不能够充分体现出农业可持续发展的能力（潘丹，2013）。显然，早期研究在讨论农业经济增长绩效时，忽视了农业生产过程中的环境作用。近十多年来，诸多研究认为农业环境污染会严重影响农业可持续发展。众多研究者发现农业环境对农业经济可持续增长的内在约束逻辑，在传统生产率分析框架的基础上，将农业环境污染作为农业生产的一种非期望产出，从而评价农业生产过程中要素投入、经济产出及对环境影响之间的关系。此种评价方法充分体现了农业经济绿色生态可持续增长的本质内涵，有的研究者将考虑资源环境因素的农业经济增长绩效定义为"农业绿色生产率"（潘丹、应瑞瑶，2012；李谷成，2014；叶初升、惠利，2016；肖锐、陈池波，2017）。

简言之，农业绿色效率或称农业绿色经济效率、农业绿色生产率，即表示农业生产过程中生产要素投入与期望产出（农业经济增长）和非期望产出（农业污染排放）的投入产出水平。与传统农业生产率相比，农业绿色效率更能反映农业经济增长的真实绩效，其将生态环境问题纳入到农业经济发展绩效之中。通过农业绿色效率水平，可采用合理方式调控农业生产过程中生产要素之间的投入关系，从而使农业污染排放最小化、农业经济产出最大化，进而实现农业绿色生态可持续发展。由上述定义可知，农业绿色效率既考虑了农业经济指标，同时也考虑了农业发展环境指标，是评价农业生产活动"经济"和"生态环境"的综合效率。

进入21世纪以来，我国农业发展与环境污染问题越来越受到学术界的广泛关注，一些学者将环境要素纳入到农业全要素生产率测算分析框架中，将考虑环境因素的农业全要素生产率称为"农业绿色生产率"或"农业环境全要素生产率"（Ruttan，2002；杨俊、陈怡，2011；王奇等，2012；李谷成，2014；潘丹，2014；梁俊、龙少波，2015；肖锐、陈池波，2017）。但以上研究由于对农业范围、农业污染物的定义标准不同，选取的研究区间范围和运用的分析方法等不同，测算的农业绿色生产率结果也存在很大差异。然而现有研究普遍认为，考虑环境影响的农业绿色生产率略低于传统农业生产率（杜江等，2016）。

传统农业生产效率忽视了农业发展过程中付出的环境代价，不能反映农业发展的真实绩效（叶初升、惠利，2016；肖锐、陈池波，2017）。农业绿色生产率将农业环境视为一种非期望产出纳入农业生产效率分析框架中,以考察环境约束下农业发展的环境代价(王奇等,2012;杜江,2014)。国内外学者基于不同视角采用不同方法对农业绿色生产率进行了分析。经广泛研读相关文献,农业绿色生产率的前沿研究方法大致可分为两类,一类是以随机前沿生产函数方法为代表的参数估计法,也包括索洛残差法;另一类是以数据包括分析法(DEA)为代表的非参数估计法(潘丹,2014)。参数估计法通过确定一个生产函数,然后采用相应技术方法估计各参数系数,非参数估计法则不需要确定具体的生产函数。当然,选择方法的不同将会导致测算结果也存在差异。

运用参数法测算的农业绿色生产率的研究相对较少,大部分研究都运用以数据包络法和指数法为代表的非参数法对其进行测算,其中以 Malmquist – Luenberger 指数为代表的 DEA 技术应用最为广泛。运用参数法测算农业绿色生产率的代表性研究成果有,薛建良、李秉龙(2011)运用 C – D 生产函数将环境因素纳入农业生产率分析框架,扩展农业生产率测算范围,反映了环境修正的农业全要素生产率;王奇等(2012)运用随机前沿生产函数(SFA)和 Malmquist 指数法分析比较了传统农业生产率与农业绿色生产率及其分解。运用参数法测算农业绿色生产率的代表性研究成果有,李谷成等(2011)将资源、环境和农业增长纳入同一分析框架,应用 ML 指数法测算了我国 1978—2008 年包含农业污染的省际农业全要素生产率;杨俊、陈怡(2011)运用 ML 指数法测算了我国 1999—2008 年考虑环境因素的农业环境技术效率,并采用分解法将其分解为技术进步与技术效率变化;韩海彬、赵丽芬(2013)将农业面源污染作为一种非期望产出("坏"的产出),运用 ML 指数法测算了我国 1993—2010 年农业全要素生产率,在此基础上分析了其收敛性问题;潘丹、应瑞瑶(2013)将资源与环境因素纳入农业生产率分析框架,运用 ML 指数法测算资源环境约束下我国 1998—2009 年农业全要素生产率,并对其成分进行分解;崔晓、张屹山(2014)基于物料平衡法测度农业污染量,通过 M 指数法核算农业环境全要素生产率,并将其分解成技术效率变化、技术进步与配置效率变化,进而反映农业环境全要素生产率变化的源泉。

近年来，随着生产率测算技术的不断推进，也有专家学者将测算方法进行了进一步优化。在托尔肯斯和艾克考特（Tulkens，Eeckaut）（1995）提出"序贯技术"（sequential technology）从而有效消除了生产率测算中出现技术伪倒退的现象的基础上，吴和赫希马蒂（Oh，Heshmati）（2010）将此技术与 ML 测算技术结合形成 SML（Sequential Malmquist - Luenberger）指数。帕斯特和洛弗尔（Pastor，Lovell）（2005）将所有测算时期作为效率前沿面参照基准提出全局（global）测算技术，吴（2010）在其基础上将全局测算技术与 ML 测算技术结合形成 GML（Global Malmquist - Luenberger）指数。SML 和 GML 指数法逐渐被该领域前沿研究者所运用，闵锐、李谷成（2012）利用 SML 指数考察了环境约束条件下 1978—2010 年我国粮食全要素生产率，并将其分解为技术进步和技术效率变化；李谷成（2014）运用 SML 指数核算了考虑资源与环境双重约束下的农业绿色生产率，阐释了农业绿色生产率增长背后的原因；杜江（2014）以 1991—2011 年中国省际种植业面板数据为参数，利用 GML 指数法分析了中国农业增长的环境绩效，并认为技术进步是环境约束下农业全要素生产率增长的主要源泉；沈能、张斌（2015）运用 GML 指数法测算了 2000—2012 年中国 29 省区市农业环境生产率，证实了农业增长与农业环境生产率存在稳定的正 U 形曲线关系；叶初升、惠利（2016）运用方向性距离函数 SBM 模型和 GML 指数法测算了我国农业生产效率和绿色全要素生产率，考察了农业污染对农业经济增长绩效的影响；杜江等（2016）基于 DEA - GML 指数测算了农业环境全要素生产率，并将其分解为农业技术进步和环境技术效率，在此基础上也分析了这三个指数的影响因素；肖锐、陈池波（2017）运用 GML 指数法测算了 1995—2014 年我国 30 省区市农业绿色生产率，并构建受限面板 Tobit 模型考察了财政支持对农业绿色生产率的影响。以上研究分别从不同视角对我国农业绿色生产率进行了测算，但由于研究范围和研究方法选取不同，测算结果也存在较大差异。应瑞瑶、潘丹（2012）指出随机前沿生产函数分析法会得到更高的农业绿色生产率，杜江等（2016）认为 M 指数法高估了农业绿色生产率，ML 指数较 M 指数测算的结果有所降低。

绿色生产率与传统生产效率测算的本质区别在于资源环境因素是否纳入其测算体系。国内外专家学者普遍认为，资源、能源因素是产生环境负外部性的主要来源（胡晓琳，2016）。乔根森和斯提洛（Jorgenson，Stiroh）(2000)将能源变量作为与资本、劳动和技术等同要素纳入生产函数中，测算了第二次世界大战后美国全要素生产率。然而，学术界对将环境因素作为投入要素的处理方式产生诸多异议。实际上，国外专家学者较早已对传统生产率框架进行拓展，将资源环境因素纳入生产率核算体系的做法已较为成熟。主要处理方法有三种：第一种处理方法是将资源环境作为投入要素；第二种处理方法是将资源环境作为与期望产出相同的可自由处置产出；第三种处理方法是将资源环境作为弱处置性非期望产出。经广泛研读已有文献发现，该领域的专家学者更倾向于使用第三种方式。测算农业绿色生产率需要进行两阶段处理，首先要对非期望产出农业环境污染排放量进行核算，其次是构建投入产出指标体系对农业绿色生产率进行测算。在农业环境污染核算方面，有的学者选择化肥、农药等单一污染源来进行核算，如王奇等（2012）选用种植业生产过程中使用化肥造成的氮磷流失量作为农业环境污染排放量；沈能、张斌（2015）选用农药使用量乘以权重（90%）表征农药排放量以作为农业环境污染排放量。为了体现农业污染的多源性，大多研究者选择多污染源来核算农业污染排放量，主要包括化肥流失、农药残留、农膜残留、农田固体废弃污染、畜禽水产养殖污染和农村生活污染。在农业绿色生产率测算方面，现有研究选取投入指标主要有化肥施用量、农药施用量、农膜施用量、劳动力投入、土地投入、农业机械投入、役畜投入和农业灌溉投入等，也有少数研究将水资源、营养物质等作为投入指标纳入农业绿色生产率核算框架中；在选取产出指标方面，各研究根据其研究对象而确定其期望产出和非期望产出，期望产出主要包括农业总产值、农业增加值、农林牧渔总产值或种植业增加值；非期望产出主要为农业生产过程中造成的农业污染。

目前，针对农业绿色效率影响因素的研究成果相对较少，现有研究并没有形成一个系统的理论框架体系。在已有研究成果中，大多数研究者基本都是基于研究目标和数据可获得性而探讨农业绿色生产率的影响因素。

2 相关理论及文献综述

与传统的农业生产效率影响因素相比，农业绿色效率影响因素的研究成果相对较少。已有研究主要通过农业生产结构、农业科技、人力资本、城市化水平和地区经济开放程度等因素探讨了它们对农业绿色生产率的影响。刘战伟（2014）运用 ML 指数法测算了 2001—2010 年中国 30 省区市农业绿色全要素生产率，并通过实证模型探讨了农业绿色生产率的影响因素，研究结果表明，农村经济发展水平、农业基础设施投资和农业产业结构变动均对中国农业绿色生产率有显著影响，而环境规制对农业绿色生产率有正向影响但不显著；韩海彬等（2014）运用 ML 指数法测算了 1993—2000 年中国省际农业环境全要素生产率，通过构建动态 GMM 回归模型实证检验了异质性人力资本对中国农业环境全要素生产率的影响，研究结果表明，异质性人力资本对农业环境全要素生产率的作用机制存在明显差异。除此之外，他们还探讨了自然环境等控制变量对农业环境全要素生产率的影响估计，自然环境因素（受灾面积）和农业结构调整系数（粮食播种面积占农作物总播种面积的比重）对农业环境全要素生产率有显著负向影响，但城市化率（非农人口占总人口的比重）对农业环境全要素生产率有正向影响但不显著。沈能、张斌（2015）借鉴 GML 指数法测算了 2000—2012 年中国 29 省区市农业环境生产率，并分析了农业环境生产率的影响因素，研究结果表明，对外贸易不利于农业环境生产率提高，技术进步对农业环境生产率呈显著正向影响，城乡收入差距的扩大将会恶化农业环境生产率，农业财政支持对农业环境生产率有显著负向影响，农业比重对农业环境生产率有显著正向影响。潘丹（2014）采用 SBM 方向性距离函数测算了 1998—2011 年中国 30 省区市农业绿色生产率，并对影响农业绿色生产率的因素进行实证分析，研究结果表明，城乡收入差距、工业发展程度、畜牧业结构、财政支农政策对农业绿色生产率具有显著的负面效应，种植业结构对农业绿色生产率具有正面效应但不显著。此外，也有研究考虑了农业绿色生产率影响因素的空间效应，如潘丹（2012）采用空间计量模型对中国农业绿色生产率的空间关系与影响因素进行分析，研究认为，空间地理因素对农业绿色生产率具有正向影响且显著。

2.3.2 工业绿色效率的研究现状

工业绿色效率是指以工业经济水平和工业化阶段的提高为目标，在资源和环境容量可承载的范围内，借助企业、政府和社会等多方面支持，在工业各方面要素投入既定的条件下，统筹工业增长、能源节约和废弃物排放减少的效率测度。简而言之，工业绿色效率就是工业发展的绿色化程度。考虑能源消耗和环境污染的工业绿色效率本质就在于"绿色+发展"，无论是绿色水平的提高，还是工业发展能力的提升，都会体现在工业绿色效率的升高上，工业增长和环境保护的"双赢"目标需要通过工业绿色效率的提升来实现。

为了综合评价工业绿色的投入产出效率，学者们构建了新的分析框架，对中国工业绿色发展效率进行了测算。陈诗一（2010）采用谢泼德产出距离函数与方向性产出距离函数，对我国38个工业行业的工业绿色发展效率进行测算，发现正确考虑环境约束后，工业绿色发展效率明显降低。陈茹等（2010）运用 ML 生产率指数，分别测度了考虑和不考虑 SO_2 排放情况下2000—2007年东部工业的效率、生产率增长及其成份的增长率，研究表明天津的生产率增长、技术效率增长率和技术进步率都最高。周五七、聂鸣（2012）等将能源与碳排放纳入测度模型，运用全局 DEA 方法及 ML 生产率指数，基于1998—2010年数据，得出低碳导向的工业行业绿色发展效率经历了先上升再下降再上升的演化轨迹的结论。杨文举、龙睿赟（2012）等基于方向性距离函数，运用 DEA 方法，计算了中国省级工业绿色发展效率，发现中国工业绿色发展效率省际间差异也较大，且存在明显的倒 U 形趋势。石风光（2015）测度了中国30个省区市的工业绿色发展效率，结果表示中国省区市工业绿色发展效率总体呈现增长趋势，但存在较大区域差异，中西部地区增长率明显低于东部地区。陈超凡（2016）运用方向性距离函数及 ML 指数测度了2004—2013年中国工业绿色发展效率，发现我国省级工业绿色发展效率增长出现倒退且不具收敛特征，明显低于传统经济发展效率，且存在明显的行业异质性。吴传清、张雅晴（2018）等采用全局 Super-SBM 模型测度了1997—2015年长江经济带沿线省区市的工业绿色发展效率，结果表明研究期限内各省区市工业绿色发展效率均呈增长趋势，且省区市之间效率差距不断拉大。在测度工业绿色发展效率的同时，学者们也分别从环境规制、城镇化、教育投资、产业结构、资源禀赋、FDI等方面探讨关键因素对工业绿色发展效率的影响（钱争鸣、刘晓晨，2014；Luo，Liang，2016；班斓、袁晓玲，2016；Yue等，2016）。

2.3.3 第三产业绿色效率的研究现状

第三产业是中国经济发展的一大增长点，中国目前正面临着从第二产业向第三产业的经济转型，因而对于第三产业的绿色发展问题的研究显得尤为重要。目前研究中国第三产业绿色发展的文章仍然相对较少。有限的研究关于第三产业绿色发展问题的论文也多集中在能源效率方面。如朱佳伟（2010）利用数据包络模型（DEA）计算了中国第三产业1997—2007年的能源经济效率，他发现中国第三产业在直接能源消耗存在较大节能潜力。张宗益等（2010）利用VAR模型分析了能源价格对第三产业的能源强度的冲击作用。还有部分学者研究了第三产业的细分产业的能源问题，如建筑业（Lin，Liu，2015）、交通运输业（吴文化等，2008）等。商业部门在国内的研究也不多，林和王（2015）利用协整模型研究了中国商业部门的能源需求和节能潜力。林和王（Lin，Wang）（2016）利用DEA模型研究了中国商业部门的区域全要素能源效率和跨期Malmquist表现。王爱伦（2017）运用协整模型对商业部门能源消费的影响因素进行评估，并通过情景分析预测商业部门未来的能源需求和节能潜力，采用基于共同前沿和群组前沿技术的DEA模型，测算中国商业部门1995—2013年分区域全要素能源效率值和各省区市基于不同前沿的能源消费提升空间并通过Malmquist指数发现各省区市的能源效率均随着时间逐渐提高，技术进步是促进能源效率提高的主要因素。

在旅游业方面，20世纪90年代以来，国外众多学者已经开始广泛关注旅游业的发展所带来的能源和环境问题。塔米里萨（Tamirisa）等（1997）利用投入产出的方法估算了夏威夷旅游业的能源需求，讨论了能源消耗与旅游目的地之间的具体联系，戈斯林（Gossling）（2002）认为旅游业能源消耗能影响全球环境。贝肯（Becken）等（2001，2002，2003）、贝肯（2002）从旅游住宿、旅游活动、航空旅行、旅游交通方式等多个角度，对旅游业的能源消耗问题进行了一系列研究。之后，随着全球气候的不断变暖，人们更加关注有害温室气体的排放问题，学者们从多个角度对不同国家和地区的旅游业能源消耗和碳排放进行了深入的研究，如迪布瓦（Dubois）等（2006）用敏感度分析法预测了法国2050年旅游业温室气体的排放，贝肯等（2009）分别利用自上而下和自下而上的方法测算了新西兰旅游业的能源消耗和二氧化碳排放，佩奇尼尔森（Perch-Nielse）等（2010）构建了瑞士的旅游温室气体密度测算体系，并比较了旅游部门和其他经济部门，同时比较了瑞士与欧洲其他国家。佩特斯（Peeters）等（2010）则预测全球旅游业碳排放到2035年将以每年3.2%的速度递增。

与国外相比，国内旅游业能源消耗与碳排放研究起步较晚，且多偏向于在能耗基础上的碳排放测算，目前仍处于探索性研究阶段。专门研究旅游业能源消耗的文献相对较少，如高兴等（2007）初次研究了有关酒店业能源消耗的问题；席建超等（2011）研究了六盘山生态旅游区在乡村旅游诱导下农户家庭能源消费模式演变的问题；刘佳等（2013）探讨了2002—2010年中国30个省域旅游能源消耗与旅游经济增长的关联作用机制；丁艳等（2014）测算并分析了2005—2012年张家界市旅游业典型统计指标与能源消费的关联度，并且比较分析了各关联度之间的大小。2009年，哥本哈根世界气候大会召开，低碳旅游的理念逐渐升温，我国学者们开始积极关注旅游业低碳发展的路径，但多是以定性研究为主（魏小安，2009；蔡萌等，2010），也有部分文献进行了定量分析，如微观层面，从景点或产品角度，李鹏等（2010）首次利用碳足迹对昆明市四星级酒店住宿产品碳足迹进行了计算与分析；邹永广（2011）对旅游景区碳足迹进行了测算；李伯华等（2012）对景区交通的碳排放进行了研究，认为能源结构效应和人口规模效应是景区旅游交通碳排放增加的主要因素，而能源强度效应和经济规模效应则是抑制旅游交通碳排放的有效因子。中观层面，从产业或区域的角度，董红梅等（2010）对中国第三产业碳排放量与入境旅游人均消费的相关关系进行探析；李风琴等（2010）则对鄂西生态文化旅游圈碳足迹与碳效用进行了测算；王立国等（2011）基于终端消费对江西省旅游业的碳排放进行了研究；汪清蓉（2012）以三种海南旅游产品为例，计算并分析各线路的能源消耗及 CO_2 排放量；古希花等（2014）利用 2000—2009 年中国广西旅游交通、旅游住宿业、旅游活动相关的数据资料，自下而上的对广西旅游业能源消耗与二氧化碳排放量进行了初步估算与分析。宏观层面，石培华等（2011）首次运用"自下而上"法首次对中国旅游业能源消耗与 CO_2 排放量进行了初步估算。

2.4 区域绿色经济效率的研究现状

从科学的分析方法角度来说，中国学者对绿色经济效率的实证分析运用了很多种，有灰色关联度法、面板数据法（郑长德、刘帅，2011）、计量经济模型法（徐盈之、皱芳，2010）、数据包络分析法、投入产出法等（陈坤、孔令武，2013），建立各种各样的模型对中国各区域的绿色经济效率进行实证分析，对政府经济政策的调控提出意见（雷厉、仲云云，2011；谭丹等，2008）。王晓云等（2017）、曹明贵等（2016）、盖美等（2016）运用 DEA 模型研究绿色经济效率的测算，选取多个指标作为投入指标，分别是劳动力、资本存量、土地面积、水资源存量、能源消耗和环境污染程度，而产出指标则选取了区域 GDP，基于绿色经济效率测算的结果，他们对其时间的变化和空间区域的差异做了详实的分析，又在此基础上做了动态效应分析；王军、耿建（2014），聂玉立、温湖炜（2015），钱争鸣、刘晓晨（2014）等学者运用非期望产出 SBM 模型，相较传统的绿色经济效率测算模型，增加了非期望产出指标，基于此方法对中国绿色经济效率做了测算，分析了绿色经济效率的区间差异和演变态势。武春友等（2017）建立了区域绿色增长系统的评价指标模型，郭玲玲等（2016）建立了绿色增长评价体系。戴（Dai）等（2016）通过 CGE 模型评估了 2050 年中国大规模发展可再生能源（RE）的经济影响和环境共同效益，发现大规模再开发具有显著的绿色增长效应，有利于上游产业的增长，重塑能源结构，并带来实质性的环境共同效益。

中国学者对各省的绿色经济效率方面也有研究，苏方林、宋帮英（2010）对广西的碳排放量进行了 VAR 实证分析，赵欣、龙如银（2010）对江苏省碳排放运用因素分析法进行了实证分析，宋永辉（2010）从 FDI 的角度对江宁省绿色经济发展进行了实证研究。张明胜（2011）基于 DP-SIR 模型对江西省低碳经济发展进行了实证分析。梁萍（2013）以云南省为例对低碳经济进行实证分析及对策进行了研究，王军（2013）运用 DEA 模型测算了山东省的绿色经济效率。

关于区域经济绿色效率的影响因素方面，投入产出要素影响各省份的绿色经济效率，但是对于各地区来说，投入产出要素无法进行调整，但是产业结构、污染治理投入、人力资源水平、对外开放水平等外生因素有可能对绿色经济效率产生影响。考虑到绿色增长评价指标的复杂性、交叉影响性以及包含决策者主观判断性的特点，从客观数据出发对影响绿色经济效率的除投入产出要素之外的因素进行识别和分析格外重要。对绿色经济效率的外生影响因素的探寻研究已形成了一定的研究成果。单豪杰（2008），杨杰、宋马林（2011），李博（2013），吴齐、杨桂元（2017），任阳军、汪传旭（2018）等运用超效率 SBM 模型，通过对中国各省际的静态效应变化和动态效应变化的研究，分析了敛散性、区域差异性以及影响，在此之后运用空间分析计量模型进行了回归处理分析，研究了中国绿色经济效率的变化趋势，从四个方面考察了中国各区域的经济发展情况、地域限制、创新发展、开放程度等对绿色经济效率的影响。钱争鸣、刘晓晨（2014）从微观和宏观两个层面分析提高绿色经济效率的理论机制，利用空间计量模型检验理论机制的实际效果并研究绿色经济效率的空间收敛特征。曾贤刚、毕瑞亨（2014）依据联合国环境规划署提出的绿色经济指标的"经济转型有效性""资源利用绿色度""进步和福祉实现度"3 个方面框架，结合我国实际情况，建立了一套三级指标体系，并采用主成分分析、聚类分析、多元线性回归等方法，从横向和纵向 2 个维度，通过标准回归系数的绝对值大小来找到影响我国绿色经济发展的主要因素并从区域差异和动态变化的角度给出建议。钱争鸣、刘晓晨（2014）运用超效率SBM模型对我国各省区市绿色经济效率静态水平和动态变动进行了测度。班斓、袁晓玲（2016）引入非期望产出超效率SBM模型，测算了1991—2013年中国省际绿色经济效率，进而引入空间面板模型，研究了八大区域绿色经济效率空间影响机制。任海军、姚银环（2016）运用包含非期望产出的SBM超效率模型测算2003—2012年中国30个省区市的生态效率，比较高、低资源依赖度地区生态效率的差异。在区分投资型与收费型环境规制的基础上，分析不同资源依赖度下环境规制对生态效率的影响差异。周英男等（2017）应用扎根理论研究方法提取绿色增长政策影响因素并对其相关关系进行模型建构，识别出影响因素的3个核心范畴：政策环境、政策属性和利益相关者的博弈。班斓、袁晓玲（2016）采用八分法，引入面板数据的空间滞后模型与空间误差模型，研究了八大区域绿色经济效率的影响因素。赵峥、刘杨（2016）测度了丝绸之路经济带主要城市的绿色经济增长效率并采用Bootstrap方法对影响因素进行回归分析。宋德勇等（2017）将环境规制综合指数作为核心解释变量，同时参考前人的研究，加入影响中国绿色经济效率的其他因素作为控制变量进行面板回归。刘耀彬等（2017）运用两步系统广义矩方法，实证检验文化产业集聚对绿色经济效率影响的动态非线性关系。张文博等（2017）选取城市规模、经济发展水平、产业结构、科教投入、对外开放水平作为自变量，使用面板数据Tobit模型进行回归分析。方齐云、许文静（2017）利用面板数据的向量自回归方法和空间计量经济学方法，从时间和空间两个维度分别分析新型城镇化建设对绿色经济效率的影响。显然，在对绿色经济效率进行合理评价的基础上，采用回归分析的方法寻找其影响因素具有一定的可行性。此外，陈（Chen）等（2019）通过对雾霾约束下的区域绿色发展进行SBM和Malmquist指数运算，并运用中国的区域面板数据和空间杜宾模型，深入探讨环境规制、开放性、城市化、产业结构和技术创新对区域绿色环境效率的影响；研究发现，进行空间绿色发展的本质是通过市场机制改革和政府政策结合，促进绿色发展，已成为中国缓解资源、环境、经济等多重压力下带来的发展的必然选择。

2.5 本章小结

本章梳理了绿色经济相关理论，回顾了中国三大产业以及各个区域绿色经济效率的相关文献，可以发现，现有学者们对于绿色经济领域的研究已经十分丰富，有助于加深大家对于经济快速发展和可持续发展之间关系的了解，这些成果更为本书的研究提供了宝贵的基石。但是，大多数文献的研究对象还停留在国家和省域等综合性层面，比较零散，系统地深入到各个产业内部，从更加微观的角度来探讨各产业绿色经济效率问题的文献并不多见，研究内容也多为效率水平的测度和影响因素的探讨，在分析影响因素的时候也较为主观，并没有突出各个产业绿色发展的独特性。因此，本书拟基于产业经济学、绿色经济学、空间经济学等多学科知识，以及大量一手二手的经济运行数据，运用 super – SBM – undesirable 模型、SE – Window – DEA 模型、Malmquist – Luenberger 指数、方向性距离函数、空间探索技术等前沿方法进行相应的实证研究，从工业、农业、旅游业和全国各区域四个角度来系统探索绿色经济效率各方面的问题，以确保本书研究的有效性和完整性。

3 中国农业绿色转型发展研究

3.1 中国农业经济发展与环境

改革开放以来,我国的第一、二、三产业都得到了巨大发展。其中,第一产业是国民经济的基础,其基础地位是否牢固,关系到人民的切身利益、社会的安定和整个国民经济的发展,也是关系到我国在国际竞争中能否保持独立自主地位的重要因素。

由图3.1可以看出,2001—2017年我国第一产业发展成果显著,考察期间第一产业总产值增长了3倍左右。值得注意的是,在看到第一产业发展成效显著的同时,其对淡水资源的消耗、化肥农药的施用,造成了一定程度的环境污染。

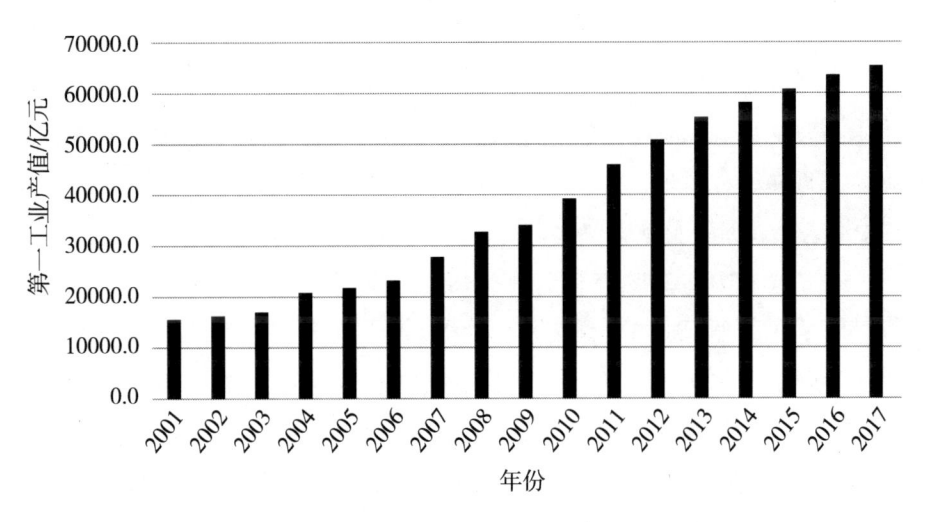

图3.1 2001—2017年我国第一产业发展趋势图

2017年农业部颁布了《关于创新体制机制推进农业绿色发展的意见》，构建了新形势下推进农业绿色发展的制度框架，对指导当前和今后一个时期农业绿色发展具有重大意义。全面推进农业绿色发展深刻革命，必须处理好发展与生态环境保护的关系，强化创新驱动和约束激励，构建农业绿色发展的长效机制。

中国农业正处于从近代化农业朝着现代农业全面演进的阶段，而在这个过程中，政策、资本与技术的结合，产生的风暴级化学反应，将带来整个产业的颠覆与重构。它改变的是整个产业的组织方式、生产方式和流通方式，涉及产业链上的每个环节，影响深远。从另一种角度而言，那些在传统农业生产服务中，需要被打破和改造的痛点，就是行业的机会。

面对农业绿色发展的新要求，农业科技进步的潜力还很大，尤其是农业机械化发展，可以形成很多新的增长点，是农业绿色发展的强大引擎。为此，加大技术集成、示范推广和人才培训力度，在农业生产领域加快普及一批先进适用绿色农业技术，强化农业机械化发展，推动绿色生产方式落地生根。

3.2 西部地区农业绿色转型与农业机械化发展

党的十九大首次提出乡村振兴战略，乡村要振兴起来离不开农业的现代化发展，而农业现代化的实现又依赖于各种农业机械对于农业生产的辅助。自改革开放以来，我国的农机产业开始快速发展，2004年我国出台了《中华人民共和国农业机械化促进法》，农业机械更是迎来了发展的高峰，全国农机总动力在2012年便迈上了10亿千瓦的台阶，2017年较2016年略有下滑，但依然保持着全球第一大农机生产国的地位，农业机械装备的发展对我国农业综合生产能力的提高、农民收入的增长、农村的繁荣兴旺都起到了重要的积极作用，因此，农业机械越来越受到农业生产者的欢迎，加上国家对农机加强补贴等支持措施，各种农业机械在农作物的耕、种、收等生产环节运用得更加普遍，2017年全国农作物耕种收综合机械化率超过 66%，《中国制造 2025》更是将农机装备列为重要领域。但是我国农业机械化发展存在极大的区域不平衡，在农业发展相对落后、干旱缺水、地质复杂的西部农村地区，农业机械化发展的水平要远低于东部地区，农机保有量不到东部地区的 1/3，因此西部地区对于农业机械的需求更甚于东部地区，农业机械化水平的提升对于西部地区农业实现现代化、农民脱贫致富、乡村实现振兴来说具有至关重要的意义。

尤其需要强调的是，我国西部农业急需实现农业的绿色转型发展。在此背景下力推农业机械化发展，固然可以提升农业生产效率，但是也会带来进一步加大能耗和加剧环境污染的隐患。因为农业机械化的大力发展需要耗费更多的汽油和柴油资源，排放出的废气也更具危害性，这些都会对西部农村环境的污染问题造成影响。因此，本章尝试测度目前西部地区农业绿色转型水平，并梳理农业机械化的发展对我国西部地区农业绿色转型发展的各种影响，以期为西部地区农业未来的可持续现代化发展给出更具有针对性的政策建议。

3.2.1 文献回顾

农业的绿色化转型是指农业由传统依赖化肥、农药和能源投入的发展模式向绿色高效、可持续发展模式的转变。金书秦、沈贵银（2013）通过分析农业面源污染来源提出农业绿色转型势在必行。胡鹏辉、田牧野（2014）则探讨了农业绿色转型的含义和特征。王红梅（2016）、于法稳（2016，2017）、赵丹桂（2018）等也呼吁农业急需尽快转变其生产方式，认为新型的农业现代化必须更节约利用资源能源和更加强对环境的保护，农业绿色转型升级的过程离不开绿色发展理念的指引。谭秋成（2015）确认了农业绿色转型时代的到来，简要分析了制约中国农业绿色转型的主要因素。李玲、陈秀羚（2018）从生产基地、生产过程、加工模式、流通消费、功能拓展等 5 个农业链环节探讨了福建省农业绿色化转型道路。但大多文献都没能定量评价中国农业绿色转型的水平，只有张茜（2014）构建了农业产业绿色转型评价指标体系，从经济、社会、生态三个一级指标，26 个二级指标来切入分析湖北恩施的情况，但可惜并没有进行测算。李玲、王小娥（2018）采用 DEMATEL 方法从要素供给、市场需求、技术进步、制度设计和主体能力五个维度提炼福建省农业绿色化转型的影响因素，但其采用问卷调查法获取数据，比较主观，结果可能缺乏科学性。

目前还没有文献直接就农业绿色转型水平给出定量的测度，只有严先锋等（2017）用中国农业绿色全要素生产率来替代表征农业的绿色转型水平，他们基于 SBM 模型测度了我国各省农业的绿色全要素生产率，并进一步考察了影响因素。其余文献则是在提到农业绿色发展定量测度的时候，用绿色全要素生产率直接来评价农业绿色发展水平，如李谷成等（2011）、杨俊、陈怡（2011），王奇等（2012），潘丹、应瑞瑶（2013），高帆（2015），杜江等（2016），肖锐、陈池波（2017），张淑辉（2017），李朝林等（2018），葛鹏飞等（2018）等，均运用传统 DEA 或考虑非期望产出的 SBM 模型等投入产出分析方法，考虑了农药、化肥、农膜、农业机械总动力等农业生产投入，也考虑了农业的期望产出和碳排放以及农业污染等非期望产出，把资源环境的约束纳入其分析框架，部分文献则更进一步考察测度出来的农业绿色全要素生产率受哪些因素的影响，包括环境规制、人力资本、财政投入、农民收入、外商投资、研发水平等因素。可惜的是，农业绿色全要素生产率与农业绿色发展水平并不完全是一个概念，单纯的农业绿色全要素生产率无法反映出绿色因素对农业总产出的贡献度，因而无法准确反映出转型的含义。

而关于农业机械化发展与农业绿色转型关系的文献较少，目前国内学者主要探讨农业机械化的水平测度（白人朴等，1999；杨敏丽、白人朴，2005；张永礼等，2015），农业机械化发展的影响因素（杨印生等，2006；林善浪等，2017），农业机械化的空间分布（何勇，2003；李卫等，2014）、农业机械化对农业产值的影响（王新利、赵琨，2014；刘超等，2018）等诸多方面，唯有吴传清、宋子逸（2018）在测度长江经济带农业绿色全要素生产率之后，提及了农业机械化的影响，发现机械化水平对其有显著正向影响；陈银娥、陈薇（2018）则建立了联立方程组，分别代表农业机械化、农业产业升级与农业碳排放的相互关系，模型结果也发现农业机械化减少了农业碳排放，但是两者均简单用农机总动力指标表征农业机械化，因此得出的结论可能有偏,需要结合更完善的农业机械化指标来探讨两者之间的关系。

通过梳理相关文献发现,首先,目前对于农业经济发展绿色转型的定量测度较为缺乏,简单将农业绿色全要素生产率作为替代指标的做法还需要改善;其次,现有文献对于农业机械化发展与农业绿色发展及绿色转型的影响关系研究还有待深入,需要借助于已有的农业机械化水平测度方法来多角度探讨;最后,大多研究都停留在中国整体的层面,较少深入某一区域内部进行对比分析。基于此,作者将建立农业经济绿色转型的理论模型,在理论模型的基础之上运用 Malmquist – Luenberger 指数来更准确的测度我国西部地区的农业绿色转型水平,进而从农业综合的机械化水平角度切入,利用空间计量模型来探讨我国西部地区农业机械化发展对农业绿色转型的影响,希望为农业绿色转型领域的现有研究作出有益的补充。

3.2.2 农业绿色转型理论模型构建

根据科布道格拉斯生产函数,可假设农业生产函数为

$$Y_{it} = A_{it} K_{it}^{\alpha} L_{it}^{\beta} E_{it}^{\gamma} \tag{3.1}$$

式中,Y_{it}、A_{it}、K_{it}^{α}、L_{it}^{β}、E_{it}^{γ} 分别表示第 i 行业第 t 时期农业产出、考虑多种投入和非期望产出的农业绿色全要素生产率、农业资本存量、农业劳动力人数及农业能源耗费量。先对式(3.1)两边取对数,然后分别对时间求微分,可得下式:

$$g_{Y_{it}} = g_{A_{it}} + \alpha g_{k_{it}} + \beta g_{L_{it}} + \gamma g_{E_{it}} \tag{3.2}$$

本书利用农业绿色全要素生产率变化对农业产出增长的贡献度来表示农业绿色转型的水平,假设用 T 来指代这一绿色转型水平,则有

$$T_{it} = \frac{(A_{it} - A_{it-1})/A_{it-1}}{(Y_{it} - Y_{it-1})/Y_{it-1}} \tag{3.3}$$

结合式(3.2)可得

$$T_{it} = \frac{g_{A_{it}}}{g_{Y_{it}}} = \left(\frac{g_{Y_{it}}}{g_{A_{it}}}\right)^{-1} = \left(1 + \frac{\alpha g_{K_{it}} + \beta g_{L_{it}} + \gamma g_{E_{it}}}{g_{A_{it}}}\right)^{-1} \tag{3.4}$$

由式（3.4）可知，如果 $g_{A_{it}} > 0$，$\alpha g_{K_{it}} + \beta g_{L_{it}} + \gamma g_{E_{it}} \leq 0$，则有 $T_{it} \geq 1$，此时表明考虑各种投入和非期望产出的农业绿色全要素生产率增长对农业经济增长的贡献最大，农业成功绿色转型，但是农业在硬要素投入方面的效率堪忧。如果 $g_{A_{it}} > \alpha g_{K_{it}} + \beta g_{L_{it}} + \gamma g_{E_{it}}$，且都为正值，则有 $0.5 < T_{it} < 1$，此时表明考虑各种投入和非期望产出的农业绿色全要素生产率增长率超过了由资本、劳动和能源各要素投入之和引致的增长率，意味着农业经济发展属于可持续发展的内涵增长，农业绿色转型较为成功。若 $g_{A_{it}} < \alpha g_{K_{it}} + \beta g_{L_{it}} + \gamma g_{E_{it}}$，且都为正值，则 $0 < T_{it} < 0.5$，此时表明考虑各种投入和非期望产出的农业绿色全要素生产率增长率低于由资本、劳动和能源各要素投入之和引致的增长率，意味着农业经济发展属于较粗放型的外延式增长，农业绿色转型还需要继续努力。若 $g_{A_{it}} \leq 0$，$\alpha g_{K_{it}} + \beta g_{L_{it}} + \gamma g_{E_{it}} > 0$，则可得 $T_{it} \leq 0$，意味着农业绿色全要素生产率未能得到增长，农业绿色全要素生产率的变化对于农业整体的增长反而起着消极的负面影响，这是最为恶劣的情况，需要尽快将农业经济的增长转变为向绿色可持续的方向发展。

3.2.3 农业绿色转型的实证测度：基于 Malmquist–Luenberger 指数

（1）Malmquist–Luenberger 指数方法：农业经营会产出我们需要的各种农产品，但是也伴随着面源污染、水土破坏、二氧化碳排放等非期望的产出，为此，本书建立一个生产可能性集合，既包括好的期望产出，也能包括坏的非期望产出，也叫做环境技术。假设每个地区农业生产需 N 种投入，用 x 表示，有 $x = (x_1, \cdots, x_N) \in R_N$。有 M 种期望产出，用 y 表示，有 $y = (y_1, \cdots, y_M) \in R_M$。还有 I 种非期望产出，用 b 表示，有 $b = (b_1, \cdots, b_I) \in R_I$，那么，在 t 时期的 k 地区，就有一个生产集合为 $(x^{k,t}, y^{k,t}, b^{k,t})$。数据包络分析（DEA）可以将这种环境技术表达为模型

$$P^t(x^t) = \left\{(y^t, b^t): \sum_{k=1}^{k} z_k^t y_{km}^t \geq y_{km}^t, m = 1, \cdots, M; \sum_{k=1}^{k} z_k^t b_{ki}^t = b_{ki}^t, i = 1, \cdots, I;\right.$$

$$\sum_{k=1}^{k} z_k^t x_{kn}^t \leq x_{kn}^t, n = 1, \cdots, N; z_k^t \geq 0. \ k = 1, \cdots, K\} \quad (3.5)$$

式中，z_k^t 表示每个区域某一时期观察值的权重，接着引入谢泼德（Shephard）（1970）的产出距离函数，也就是方向性距离函数来将农业生产过程模型化：

$$\vec{D}_0(x,y,b,g) = \sup\{\beta : (y,b) + \beta g \in P(x)\} \quad (3.6)$$

式（3.6）中，$g = (g_y, g_b)$，是方向向量，代表农业产出的情况，如果这里的 $g = (y, -b)$，就表明非期望产出，也就是环境技术，具备技术上弱可处置性，即期望产出与非期望产出是此消彼长的关系，这是有别于传统 DEA 的地方。

法勒（Fare）等（1996）把上面的方向性距离函数引入利用瑞典统计学家斯特恩·曼奎斯特（Sten Malmquist）提出的 Malmquist 指数，但这种 Malmquist 指数无法衡量农业生产的非期望产出对农业全要素生产率的影响，于是钟（Chung）等（1997）继续结合龙伯格（Luenberger）（1992）所提利润函数，从非径向的角度，基于方向性距离函数，也就是在距离函数中选择向量 $g = (y, -b)$，提出了 Malmquist – Luenberger 指数，ML 指数表示全要素生产率从某一期到下一期的变化程度，具体如式（3.7）所示：

$$ML_t^{t+1} = \left\{ \frac{1 + \vec{D}_0^t(x^t, y^t, b^t, g^t)}{1 + \vec{D}_0^t(x^{t+1}, y^{t+1}, b^{t+1}, g^{t+1})} \times \frac{1 + \vec{D}_0^{t+1}(x^t, y^t, b^t, g^t)}{1 + \vec{D}_0^{t+1}(x^{t+1}, y^{t+1}, b^{t+1}, g^{t+1})} \right\}^{1/2} \quad (3.7)$$

本书中，ML 指数如果大于 1，就表明从 t 到 $t+1$ 时期，农业绿色全要素生产率处于增长态势；如果 ML 指数值小于 1，就表明农业绿色全要素生产率处于下降趋势；如果 ML 指数值等于 1，就表明农业绿色全要素生产率没有发生变化。

（2）指标选择与数据来源：根据 1986 年我国颁布的"七五"计划对区域的划分，本书共考察我国西部 11 个省区市（西藏由于部分数据缺失，暂不考虑），然后进一步将西部分为西北（含内蒙古、陕西、甘肃、青海、宁夏和新疆 6 省区市）和西南（含四川、云南、贵州、重庆、广西 5 省区市）两地。分析时间段为 2007—2016 年。所有数据均搜集于《中国统计年鉴》《中国农村统计年鉴》《中国农业统计年鉴》《中国环境统计年鉴》《中国能源统计年鉴》以及各省区市统计年鉴等资料。为剔除价格波动的影响，涉及价格的数据均换算成以2006年为基期的不变价格。

需要说明的是，本章所提的农业仅为狭义的农业，即种植业，也就是不包括统计年鉴中第一产业内的林业、牧业和渔业。因此，在部分狭义农业数据指标未能得到精确统计时，本书采取估算方法，即将农业总产值占农林牧渔业总产值的比重作为权数进行折算。具体投入产出指标见表3.1。

表3.1　ML模型投入产出指标解释

指标分类	指标名称	指标解释
投入	能源	折算过的农业生产所耗费的煤、油、电量加总（万吨标煤）
	劳动力	折算过的农业生产劳动力人数（万人）
	资本	折算过的农业全社会固定资产投资（亿元）
	水	农业生产用水总量（亿立方米）
	土地	耕地面积（千公顷）
	化肥	氮肥、磷肥和复合肥的施用量加总（按折纯法算）（万吨）
	农药	农药使用量（吨）
	农膜	农用塑料薄膜使用量（吨）
期望产出	农业产出	农业总产值（亿元）
非期望产出	二氧化碳（CO_2）	折算过的农业生产所需煤、油等能源所排放的二氧化碳总量（万吨）
	总氮（TN）	来源于氮肥和复合肥流失的氮量（万吨）
	总磷（TP）	来源于磷肥和复合肥流失的磷量（万吨）
	农药产污	农药的耕地负荷：农药使用量/耕地面积（吨/千公顷）
	农膜产污	农膜的耕地负荷：农用塑料薄膜使用量/耕地面积（吨/千公顷）

在投入指标中，吴传清和宋子逸（2018）还加入了灌溉投入、柴油投入和机械投入，但本书认为，灌溉所需设备和农业机械操作所需设备应归属为农业的固定资产设备，本书已有资本这一项投入指标，便不必再重复计入，并且资本这一项还包括一些其它内容，如农业生产用房和水利修缮、施药设备等，所含更为全面。农药、农膜和化肥的投入则属于短期生产资料的投入，不会与资本一项重复，因此可以保留。柴油投入则属于能源消耗，虽然农业生产过程中所耗能源主要是柴油，但也有消耗煤炭、汽油和电力等能源品种，采用本书的能源加总指标便更为合理。

在非期望产出指标中，排放的二氧化碳不包含氮、磷等营养物质，属于"真正的污染物"，须对其进行控制（李波等，2011；葛鹏飞等，2018），其排放量需要基于农业所耗能源数据进行估算，估算公式为

$$C = \sum_{i=1}^{2} C_i = \sum_{i=1}^{2} E_i \cdot \mathrm{NCV}_i \cdot \mathrm{CEF}_i \cdot \mathrm{COF}_i \cdot (44/12) \tag{3.8}$$

式（3.8）来自联合国政府间气候变化专门委员会（IPCC）的国家温室气体清单指南。式中，下标 i 为农业能源种类数目，$i=1,2$ 分别代表农业生产中释放二氧化碳的两种传统能源：煤炭和石油；C 表示估算的 CO_2 排放量；E 表示农业能耗总量；NCV 表示能源的净发热值；CEF 表示碳排放系数；COF 表示碳氧化因子，具体估算过程参照吕小明、黄森（2017）的做法。

此外，大多数文献没有考虑农业使用农药和农膜带来的污染，在此本书借鉴陈勇（2010）的做法，采用各自的耕地负荷来近似替代。

其余指标属于常见的农业面源污染。本书遵照赖斯芸等（2004），陈敏鹏等（2006），梁流涛（2009），杨俊、陈怡（2011），肖锐、陈池波（2017），张淑辉（2017）等的做法来测算农业具体的污染排放量，即单元调查法。首先需要确定农业污染源的产污单元有哪些，不少文献认为农业污染主要产生于农业施用化肥的流失、农户的畜禽养殖、农田固体废弃物如农作物秸秆、以及农村生活污染排放，这些活动的确会产生化学需氧量（COD）、总氮（TN）和总磷（TP）的污染物。这其中，化肥因为无法经处理而不排放氮磷污染，因此基本一致认为是一个产污单元，但是畜禽养殖等是否一定在引起农业污染是存在争议的（葛鹏飞等，2018）。首先，

农户畜禽养殖产生的粪便若处理不当固然容易形成 COD 污染，但是它也可以被利用起来作为种植业的有机肥料，尤其是最近几年农业面源污染防治攻坚战已经打响，我们在畜禽粪便的无害化处理技术上已有很大进步，畜禽粪便经合理处理之后可得到沼气，作为能源使用，另外得到的沼渣和沼液可以用来施肥，效果比化肥更好，这样一方面能够减少化肥的使用，节约成本，另一方面也能控制住因化肥过多施用和随意堆放畜禽粪便产生的污染，因此，本书没有将这一项算作农业面源污染的一个产污单元。其次，农作物秸秆是否一定会造成污染也难以统一意见，一方面，同意该项为农业产污单元的研究者们无法统一这一项产污单元的产污系数（陈敏鹏等，2006），另一方面，农业秸秆产生 COD 污染的前提是直接弃置，但实际上，农业生产中直接弃置秸秆并不多见，农民要么将农业秸秆作为生活燃料，要么在农田焚烧或被二次利用来供气，因此本书不把农业秸秆作为农业的固体废物。最后，农村生活废弃垃圾也不适合作为农业的污染来源，应归为生活污染来单独研究。因此，本书选取化肥流失带来的面源污染作为污染源，以化肥施用量作为产污单元，具体污染物排放量计算公式为

$$E = \sum_i EU_i P_i C_i (EU_i, S) \quad (3.9)$$

式（3.9）中，E 代表要确定的农业污染物总排放量；EU 代表单元调查法中的产污单元统计数；P 则代表每一农业污染物的产污系数；C 代表每一农业污染物的流失系数；S 代表该农业污染物所在空间的一些特点，如降雨、水体面积等。产污单元已在上文中确定，其中总磷（TP）的数量需由磷肥折纯量乘以 0.4366 的系数（由化学公式定）。而产污系数 P、流失系数 C 等则参考赖斯芸等（2004），梁流涛（2009），杨俊、陈怡（2011），第一次全国污染源普查农业排污系数手册等资料确定。

（3）测度结果分析：基于上述农业投入产出指标，本书利用 Max-DEA7.0 Pro 软件计算了中国西部地区 11 个省区市 2007—2016 年农业 ML 指数，并根据公式（3.3）得出农业绿色转型的水平 T，鉴于篇幅所限，在此仅列出历年平均水平值，见表 3.2。由于本书的主要目的是测度绿色转型水平，并非探索绿色全要素生产率的来源，因此未对 ML 指数进行分解。

表 3.2 中国西部地区农业绿色转型水平

区域	省（区、市）	ML 指数（历年均值）	产值增长率（%）（历年均值）	T
西北	甘肃	1.0541	12.63	0.4280
	内蒙古	1.0093	10.53	0.0880
	宁夏	1.1086	13.72	0.7916
	青海	0.9634	15.89	-0.2300
	陕西	0.9808	14.70	-0.1310
	新疆	1.0343	13.76	0.2491
西南	广西	0.9728	11.10	-0.2450
	贵州	0.9201	18.62	-0.4290
	四川	0.9489	13.34	-0.3830
	云南	1.0523	12.12	0.4316
	重庆	1.3118	13.05	2.3891

通过测算结果可以看出，中国西部地区整体农业绿色转型已经初见成效，整体转型水平均值为正。其中有 6 个地区（甘肃、内蒙古、宁夏、新疆、云南和重庆）的 ML 指数历年平均值大于 0，表明其绿色全要素生产率呈正增长态势，在进一步考察各地区农业产值情况之后，发现这些绿色全要素生产率正增长的地区也得到了大于 0 的转型水平，即这些地区的农业已经开始了绿色转型，农业绿色全要素生产率对农业经济增长的贡献为正且很高，其中，重庆一地甚至表现出了较高的转型水平，其农业绿色全要素生产率的增长速度较高，农业内涵增长已初见成效。另外 5 个地区（广西、贵州、青海、陕西和四川）则出现了绿色全要素生产率的负增长，导致其对农业经济增长的贡献为负，尤其是贵州一地，农业绿色转型水平表现最差，主要是由于绿色全要素生产率的大幅降低引起的，表明贵州农业的绿色转型还有待起步。从大区域来看，中国西部西北地区各省区市的农业绿色全要素生产率较为均衡，整体农业经济产值情况也较好，因此，大多西北地区省区市如甘肃、新疆、内蒙古和宁夏已经走在农业绿色转型的路上，虽然还没有实现较好的可持续发展，但是有较大的发展优化潜力；相比之下，西部的西南地区波动较大，整体表现主要由重庆拉高，但是贵州表现差。

再来观察随着时间变化各区域农业绿色转型的变化情况，由图 3.2 可知，过去十年西部地区整体农业绿色转型呈波动提升趋势，西北部和西南部的趋势与西部整体基本保持一致，各区多数年份的农业绿色全要素生产率都为正值，并且已经开始积极的实践农业绿色转型。但是西南地区在多数年份的均值高于西北地区，西南地区的总体水平主要由重庆拉高，如果除去重庆的影响，西南四地的农业绿色转型水平将远低于西北六地的平均水平。尽管如此，西北地区农业的绿色转型也处于较初始的阶段。整个西部地区的农业发展，除了重庆，都显现出对固定资本投入、劳动力投入和能源以及各种生产资料的硬性投入的较强依赖，农业经济增长依然还是偏向粗放型和外延性的特征，农业生产过程中产生的各种污染和排放问题还需要加强控制，彻底转变西部地区传统农业生产方式，走上绿色可持续发展的农业增长之路还任重道远。

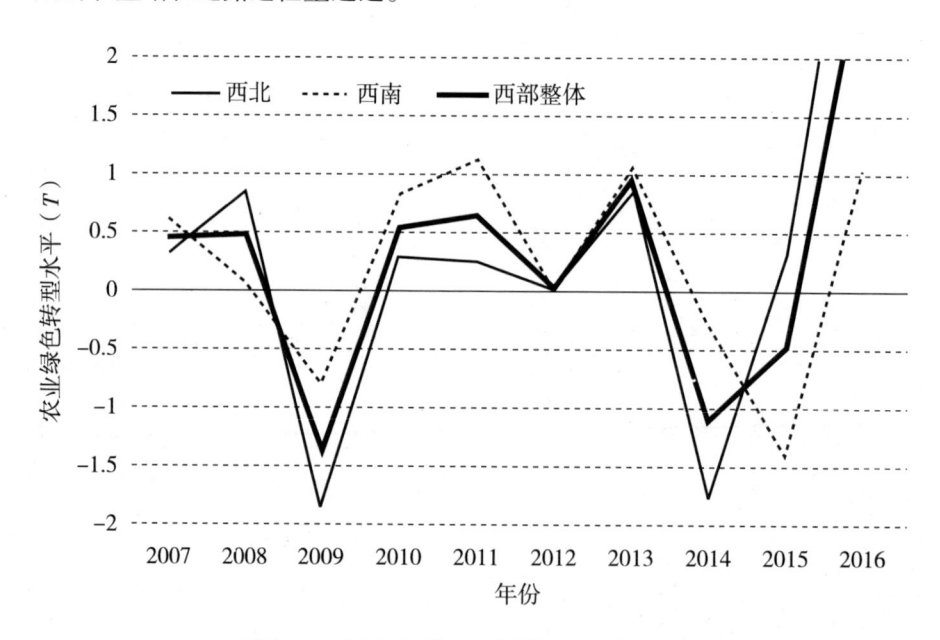

图 3.2 西部地区农业绿色转型水平变化趋势

3.2.4 中国农业机械化发展水平分析

不少文献直接采用农机总动力作为农业机械化水平的衡量指标（周孝

坤等，2010；罗芳、鲍宏礼，2010），但农机总动力只是一个总的规模指标，难以代表某区域农业机械化发展的真正程度，由于农机跨区作业现象的存在，以及农机实际运作效率的差异性，某地区农机总动力的规模和该区真实机械化农业发展水平并不一定严格对应。还有部分学者建立了指标体系来测度农机化水平（杨敏丽、白人朴，2005；卢秉福等，2015；严中成等，2018），包括规模水平、作业水平、效益水平、经济水平等，但这样庞杂的指标体系考察了过多非农业机械本身的因素，容易与因变量的计算产生重复。因此，本书采取折中的做法，分别从两个最基础的方面考察农业机械化程度，一方面还是利用农机总动力指标来表征农业机械化的装备水平，用 MechE 来表示，另一方面从农业机械在土地耕作、农作物播种、农田灌溉、农作物植保和农作物收割五个农业生产环节的使用情况来表征农业机械化的作业水平，用 MechO 来表示，农业机械化作业水平 MechO 由机耕率、机播率、机电灌溉率、机械植保率和机收率 5 个比值采用相同权数加总得到，其中，机耕率等于机耕面积除以实际耕作面积，机播率等于机播面积除以农作物播种面积，机电灌溉率等于机械和电力灌溉面积除以农作物播种面积，机械植保率等于用机械来进行植保的面积除以农作物播种面积，机收率等于机收面积除以实际收获面积。以上数据主要取自《中国统计年鉴》和《中国农业机械工业年鉴》。西部各地农业机械化的作业水平和装备水平见表 3.3 和表 3.4。

表 3.3 农业机械化作业水平（MechO）

地区	2007 年	2008 年	2009 年	2010 年	2011 年	2012 年	2013 年	2014 年	2015 年	2016 年
内蒙古	0.43	0.45	0.49	0.54	0.55	0.58	0.59	0.62	0.63	0.59
陕西	0.33	0.36	0.38	0.40	0.41	0.41	0.42	0.44	0.44	0.44
甘肃	0.29	0.27	0.27	0.27	0.26	0.27	0.29	0.30	0.31	0.32
青海	0.28	0.30	0.30	0.31	0.31	0.30	0.34	0.35	0.39	0.38
宁夏	0.24	0.28	0.32	0.34	0.36	0.38	0.39	0.39	0.40	0.40
新疆	0.39	0.49	0.47	0.48	0.50	0.51	0.52	0.61	0.61	0.60
广西	0.07	0.12	0.13	0.17	0.20	0.21	0.24	0.27	0.28	0.30

续表

地区	2007年	2008年	2009年	2010年	2011年	2012年	2013年	2014年	2015年	2016年
重庆	0.10	0.11	0.14	0.16	0.17	0.18	0.19	0.19	0.20	0.21
四川	0.13	0.14	0.14	0.15	0.17	0.19	0.23	0.25	0.26	0.27
贵州	0.05	0.04	0.04	0.06	0.07	0.08	0.08	0.09	0.10	0.12
云南	0.04	0.06	0.08	0.12	0.13	0.15	0.15	0.16	0.17	0.18

表3.4 农业机械化装备水平（MechE）

地区	2007年	2008年	2009年	2010年	2011年	2012年	2013年	2014年	2015年	2016年
内蒙古	2209	2779	2892	3034	3173	3281	3431	3633	3805	3331
陕西	1576	1710	1833	2000	2183	2350	2453	2552	2667	2172
甘肃	1577	1686	1823	1978	2136	2279	2418	2546	2685	1904
青海	349	356	389	421	431	435	411	441	454	459
宁夏	630	658	703	729	769	787	802	813	831	581
新疆	1275	1376	1503	1644	1797	1969	2166	2342	2489	2552
广西	2127	2374	2551	2768	3033	3196	3383	3567	3803	3527
重庆	860	903	967	1071	1140	1162	1199	1243	1300	1319
四川	2523	2688	2953	3155	3426	3694	3953	4160	4405	4267
贵州	1412	1538	1606	1730	1851	2107	2241	2458	2575	2041
云南	1862	2014	2159	2411	2628	2874	3070	3215	3333	3441

对比表3.3和表3.4可以发现，西北地区的农业机械化作业水平整体优于西南地区，而西北地区的农业机械化装备水平却明显低于西南地区。整体而言，西部地区的机械化作业水平都不是特别理想，但是作业水平和装备水平都保持着逐年提升的良好趋势。

3.2.5 中国农业机械化发展水平对区域农业绿色转型的影响

首先要判断各地区农业绿色转型的主体之间是否存在空间依赖或空间相关，本书用Moran's I指数来确定这一空间相关性是否存在：

$$\text{Moran's I} = \frac{\sum_{i=1}^{n}\sum_{j=1}^{n}W_{ij}(x_i-\bar{x})(x_j-\bar{x})}{\sum_{i=1}^{n}\sum_{j=1}^{n}W_{ij}\cdot\sum_{i=1}^{n}(x_i-\bar{x})^2/n} \quad \text{Moran's I} \in [-1,+1]$$

(3.10)

式中，W_{ij} 表示一个二元空间 (i,j) 权值矩阵中的任一元素；n 为所要研究的区域对象数目，此处 $n=11$；x_i，x_j 分别为区域 i 和区域 j 之间农业绿色转型水平值。若 Moran's I = 0，表示在考察期内中国西部地区农业绿色转型水平之间不存在空间相关；若 Moran's I > 0，表明中国西部地区农业绿色转型水平之间存在着显著正的空间集聚性；若 Moran's I < 0，表明中国西部地区农业绿色转型水平之间存在显著负的空间相关性。

表 3.5　2007—2016 年中国西部农业绿色转型水平 Moran's I 值

年份	2007	2008	2009	2010	2011	2012	2013	2014	2015	2016
Moran's I 值	0.0321*	0.1543**	0.1212*	0.1094*	0.3312**	0.2895**	0.3011*	0.3856**	0.3692**	0.4157***

***、**和*分别代表在1％、5％和10％的水平下显著。

由表 3.5 可知，2007—2016 年中国西部 11 个省区市绿色转型效率具有显著的空间相关性并逐渐增强，空间计量模型的实证检验将比普通面板实证模型更为合理。

鉴于中国西部各省域农业绿色转型水平表现出明显的空间相关特征，本书通过构建空间面板模型来探讨农业机械化发展水平对这一绿色转型水平的影响。

除了农业机械化发展的影响，本书还考虑相关控制变量的影响。如地区农民收入（inc）作为控制变量是指该地区农民的人均可支配收入，地方政府支出（gov）用地方政府的农林水财政支出近似替代，地区人力资本（edu）用该地区的农村人口中有高中及以上文化水平的人数表示，地区农业技术（tec）用各地区公有经济企事业单位专业技术人员中的农业技术人员数来表征。这些变量涉及的数据主要来源于《中国统计年鉴》、各省区市统计年鉴、《中国科技统计年鉴》《中国人口和就业统计年鉴》以及各省的年度报告等政府文件。为剔除价格的影响，以上各指标涉及价格的均换算成以 2006 年为基期的不变价格。

基于上述指标，本书构造下述空间计量模型：

$$T_i = C_i + \beta_1 \text{MechO}_i + \beta_2 \text{MechE}_i + Z_i + \rho WE + \xi_i \quad (3.11)$$

$$T_i = C_i + \beta_1 \text{MechO}_i + \beta_2 \text{MechE}_i + Z_i + (1 - \lambda W)^{-1} \mu \quad (3.12)$$

式中，空间滞后模型（SLM）形式为式（3.11），空间误差模型（SEM）为式（3.12）。式中，ρ、λ 分别代表模型的空间滞后项和空间误差项；Z 为控制变量；下标 i 代表各西部省份；W 为本书建立的空间权值矩阵，本书的空间权值矩阵用的是一阶相邻函数矩阵，即省份相邻记为 1，省份不相邻则记为 0。

下一步进行"常规拉格朗日 – 强拉格朗日"双重检验，以明确从农业机械化发展视角分析中国西部地区农业绿色转型影响因素时，到底运用 SLM 模型还是 SEM 模型更合适。

$$\text{LMERR} = [e'We/(e'e/N)]^2 / [tr(W^2 + W'W)] \quad (3.13)$$

$$\text{LMLAG} = [e'Wy/(e'e/N)]^2 / D \quad (3.14)$$

式中，LMERR 代表拉格朗日乘子的空间误差检验；LMLAG 代表拉格朗日乘子的空间滞后检验；e 代表回归的残差项；N 代表研究的样本总数；tr 代表矩阵迹算子；W 代表空间权值矩阵。$D = [(WX\beta)'M(WX\beta)/\sigma^2] + tr(W^2 + W'W)$，$WX\beta$ 表示 $X\beta$ 预测值的空间滞后，$M = I - X(X'X)^{-1}X'$。计算结果见表 3.6。

表 3.6 拉格朗日乘子检验结果

地区	检验	值	概率
西部整体	LMLAG	1.3837	0.5712
	R – LMLAG	35.5881	0.0001
	LMERR	7.3995	0.0694
	R – LMERR	68.3901	0.0000
西北	LMLAG	2.3424	0.5735
	R – LMLAG	45.8379	0.0002

续表

地区	检验	值	概率
西北	LMERR	8.4988	0.0564
	R-LMERR	50.0874	0.0006
西南	LMLAG	4.6757	0.0781
	R-LMLAG	65.4127	0.0004
	LMERR	2.1890	0.8765
	R-LMERR	40.6585	0.0008

由表3.6的"常规拉格朗日-强拉格朗日"双重检验结果可知，对于西部整体和西北地区，LMERR，R-LMERR的统计值均显著大于LMLAG，R-LMLAG，这表明运用SEM模型较SLM模型更为合理。而对于西南地区，结果刚好相反，需运用SLM模型。进而通过豪斯曼（Hausman）检验确定此处固定效应模型优于随机效应模型，最后需要选择是时间固定、空间固定还是时间、空间双向固定模型形式，经反复回归验证此处选择运用时间空间双向固定模型。

选定模型形式后，本书运用MATLAB软件分别对中国西部整体、西北地区和西南地区三个区域板块进行空间面板的计量实证分析，结果见表3.7。

表3.7 空间面板计量结果

变量	西部整体	西北	西南
MechO	2.476415***	3.180897**	1.256155*
MechE	-2.684780***	-5.591706**	-2.884672***
inc	0.451152**	-3.493910	1.760824***
gov	-0.104850*	-0.490820	-0.918320*
edu	24.080270[8]**	27.326900[8]**	-2.480932[8]**
tec	1.094919[8]**	4.927791**	1.048379**
空间误差项	0.605994***	0.802976***	
空间滞后项			0.544977***
R^2	0.683300	0.533200	0.459100
Log likelihood	-36.532600	-49.382400	-58.958100

***、**和*分别代表在1%、5%和10%的水平下显著。

表3.7显示，西部整体和西北地区模型的空间误差项以及西南地区的空间滞后项都较为显著，三个模型的拟合优度也较好，回应了此处运用空间面板模型进行分析的合理性。

从表3.7中的回归结果可以看出，农业机械化发展水平的两个指标对该地区农业绿色转型的影响具有相反的特征。农业机械化的作业水平（MechO）表现出了对农业绿色转型的积极推动力，而农业机械化的装备水平（MechE）则表现出了相反的力量，这种相互牵扯的反向力在西北、西南和整个西部地区都是一致的。相对于西南地区而言，西北地区农业机械化作业水平对西北地区较均衡的绿色转型起到了更正面的影响。因此，为了农业绿色可持续的发展，我们应该更多关注农业机械作业效率，而不是简单的以农机总动力来"论英雄"。这也是《全国农业机械化发展第十三个五年规划》取消了"农机总动力"这一数量指标的原因。农机总动力只是一个总的装备水平，无法反映农民实际使用的农业机械的种类结构和质量程度，譬如很多地区，尤其是西部的农村山区，经济条件比较差，农户家庭收入低，一次性购买环保达标的农业机械已经感觉困难，更舍不得去报废那些过去购买了并使用过较长时间的高能耗、高排放的农机，因此西部农村地区很多农机都会超龄服役，反而给农村地区带来很大的能源消耗和环境污染，为农业生产的绿色转型带来阻力。目前我国亩均农机动力已高出许多农业发达国家不少，但农业绿色转型发展的水平却落后于西方农业发达国家，再次证明了简单的农机总动力指标无法带来农业可持续发展的预期。对比而言，农业机械化作业水平能够更加真实的反映农业生产中机器设备使用的程度，如果农业机械越得到合理高效的利用，农业生产各个环节中生产资料的使用也会越有效率，同时机械对环境的伤害也会越少，如新研制的超低空遥控无人飞机与大型插秧机联接，可以在高速插秧的同时精准控制农药和化肥的喷洒量，喷洒的位置也能准确到最合适的地方，提高化肥农药的吸收利用率，这样的作业方式一方面可以提高耕种和植保效率，另一方面也可以减少化肥农药的使用量，从而降低对环境的负面影响。但由于西南地区山地和丘陵面积更多于西北地区，导致西南地区农业机械化的作业水平偏低，对农业绿色转型的积极影响要弱于西北地区。

从控制变量回归结果看,农民收入(inc)指标系数整体显著为正,但西北地区未通过显著性检验,且表现出对农业绿色转型的反向影响,可能这一差别是由于我国西南地区农民收入水平略高于西北地区,西北地区土地较为贫瘠,气候相对更恶劣,水源也比较稀缺,因此,西北地区农民的低收入对于农业的绿色转型并未起到显著的作用。只有把农村经济发展起来,才能提高农民收入,农民不必为基本的生活发愁,之后才能有动力去关注环境保护、开展环境治理,才能形成经济与环境的良性循环,这再次力证了国家要切实提高农民收入的紧迫性。地方政府财政支出(gov)指标基本没有通过显著性检验,可能的原因是在此没有细分政府农林水支出的内部结构,该支出中有大量资金流向了农村政府事业部门、农村的基础设施建设以及农村救助等领域,而在农业科技投入上略显单薄,因此在西部各地都没有对农业的绿色转型起到显著推动作用。地区人力资本(edu)的影响较为显著,但是出现了西北和西南地区的分化,在西北和西部整体地区,农民的受教育程度提高对当地农业绿色转型有显著正面影响,这与多数研究者的结论一致,即农村劳动力受教育水平的增加会带来农村劳动力生产效率的提高,而西南地区则相反,从统计数据上看,西南地区农村人口受教育水平略低于西北地区,近两年还有略微下降的趋势,这也许与西南地区农民相对而言喜欢选择省内流动,而不是像西北地区农民那样更愿意流向省外有关系,也有研究者发现西南地区农民的储蓄倾向要低于西北地区,观念上的差异导致了对教育重视程度的差异,进而造成了对农业生产绿色转型的影响差异。地区农业技术指标(tec)在各地区均表现出了积极的显著影响,这与多数研究者的结论一致,农业技术人员数量越多,农业生产过程中就能够越有效地利用各种农业生产资料,也更容易从技术上认识到环境保护和污染治理对于农业可持续发展的重要性。

3.3 长江经济带农业绿色效率研究

长江经济带包含四川、重庆、贵州、云南、湖北、湖南、江西、安徽、浙江、江苏和上海等11个省区市,占全国经济总量的四成。在十九大报告中，习近平同志两次提到了"长江经济带"，指出"长江经济带发展成效显著"，种种迹象表明长江经济带早已被国内外各阶层视为"中国经济的脊梁"。

3.3.1 长江经济带一体化发展的必然性：基于多元空间主体区位模型

近年来，长江经济带沿线各省区市经济增长明显，人们生活水平有了质的提高，同时一些新的特点又逐渐显露出来，板块化发展模式就是其中之一，即当前长江经济带发展已然分成了上中下游三大板块，下游板块包括：上海、江苏和浙江；中游板块包括：安徽、江西、湖北和湖南；上游板块包括：四川、重庆、云南和贵州。

长江经济带是新时期中国经济发展的一个重要战略选择，要始终如一地贯彻习近平总书记所提出"长江要抓大保护，不搞大开发"的发展理念。那么当前区域板块化模式和区域经济一体化模式哪种更适合长江经济带发展？对此当前学术界并没有形成一个统一认识。有些学者（黄庆华，2014；陆玉麒，2017）认为，长江经济带上中下游的板块化发展，有利于形成不同产业分工，打造差异化产业集聚，进而带动长江经济带整体经济的发展；另一些学者（艾红如，2016；李雪松，2017）则认为，长江经济带发展必须从全局出发，通过11个省区市的区域经济一体化，实现要素重新配置，进而推动产业布局优化与结构升级，提高长江经济带经济增长效率。

板块化模式是指，受地方政府"以邻为壑"的发展政策影响，经济要素在各省区市之间流动存在较大限制，导致当前长江经济带上中下游之间存在产业发展梯度，互相之间经济往来相对较少，呈现出不同的板块化发展模式。区域经济一体化模式是指，长江经济带的各级地方政府打破"各自为政、以自我为中心"的分治模式，从更高的视野进行整体规划设计，保证经济要素能够相对自由地在各省区市之间往来，实现区域间协调、有序、健康的发展。（于涛方，2007；于文静，2009；张超，2015；徐廷廷，2015；王振，2016）

要解决区域板块化模式和区域经济一体化模式究竟哪一个更好的争论，笔者认为关键就在于何种发展模式能够真正推动长江经济带的高质量发展。如果某个模式能够促使长江经济带自发实现内部产业空间布局优化，进而形成"产业集聚－区域创新－经济发展"的内在驱动链条，提高整体经济发展效率，那么该模式就是长江经济带发展的最优选择。

鉴于以上分析，本节基于长江经济带发展特点，通过修正传统空间"中心－外围"模型，得到多元空间主体区位模型，将长江经济带11省区市进行理论空间建模，以系统性分析区域板块化模式与区域经济一体化模式哪一种更加适合长江经济带自身发展。

（1）多元空间经济模型的构建

由于多元空间经济模型是基于传统"中心－外围"模型进一步的修正，因此基本假设本节已然基于传统"中心－外围"模型给出：

假设1：整个空间区域中存在 θ 个城市群体，城市群范围是有限的，任意两城市之间进行经济活动均存在成本。

假设2：整个空间区域内只存在两种产业，一种为制造业，其集中于城市范围中，另一种为农业，其分布在城市群以外区域。

假设3：整个空间区域内，制造业属于不完全竞争性质，假定存在大量工业制成品，且生产存在规模报酬递增特性。农业属于完全竞争性质，生产同质、单一化产品。

假设4：整个空间区域内，城市居民既是消费者又是制成品的生产者，其对两种产品有着相同偏好。城市居民可以在各城市主体间自由往来，他们的流动将导致消费及生产活动的转移，其中当地消费无成本，而跨区域消费则存在成本。

假定 θ_1 为 θ 个城市群体中的任意一个成员城市，根据假设4，可基于C－D函数定义出该经济体中居民的效用函数

$$U = M^\mu A^{1-\mu} \tag{3.15}$$

式中，M 与 A 分别表示制成品、农产品各自的消费量综合指数；μ 是小于1大于0的常数，表示制成品的支出份额，$1-\mu$ 则表示农产品的支出

份额。根据假设 3，假定 M 符合 CES 函数

$$M = \left[\int_0^n m(i)^{\frac{\sigma-1}{\sigma}} di\right]^{\frac{\sigma}{\sigma-1}}, \sigma > 1 \quad (3.16)$$

式中，σ 为制成品不变替代弹性；n 表示制成品种类；$m(i)$ 表示第 i 种制成品的消费量。令 $\rho = \dfrac{\sigma-1}{\sigma}$，则 ρ 表示当地居民对差异化制成品的偏好。当 ρ 趋近于 1 时，城市居民倾向于消费同质产品（制成品近似于完全替代）；当 ρ 趋近于 0 时，城市居民倾向于消费差异化产品。

为得到 θ_1 地区居民预算约束条件，给定第 i 种制成品价格为 $p(i)$，农产品价格为 p^A，居民收入为 Y，可得

$$p^A A + \int_0^n p(i) m(i) di = Y \quad (3.17)$$

就制成品消费而言，需要选定每一个 $m(i)$，使得 M 组合的成本最低：

$$\min \int_0^n p(i) m(i) di$$
$$\text{s.t.} \quad \left[\int_0^n m(i)^\rho di\right]^{\frac{1}{\rho}} = M \quad (3.18)$$

由均衡公式求解可得，$m(i) = m(j) [p(i)/p(j)]^{1/(\rho-1)}$，其中 i 和 j 表示任意一对制成品组合。将其带入约束条件可得

$$m(j) = \frac{p(j)^{1/(\rho-1)}}{\left[\int_0^n p(i)^{\rho/(\rho-1)} di\right]^{1/\rho}} M \quad (3.19)$$

根据上式，则可以得出 θ_1 地区居民 M 消费的最低成本：

$$\int_0^n p(j) m(j) dj = \left[\int_0^n p(i)^{\rho/(\rho-1)} di\right]^{\frac{\rho-1}{\rho}} M = \left[\int_0^n p(i)^{1-\sigma} di\right]^{1/(1-\sigma)} M = GM \quad (3.20)$$

$$G = \left[\int_0^n p(i)^{1-\sigma} di\right]^{1/(1-\sigma)} \quad (3.21)$$

式中，G 表示制成品价格指数。

$$\max U = M^{\mu}A^{1-\mu} \quad (3.22)$$
$$\text{s.t.} \quad GM + p^A A = Y$$

同样根据均衡求解公式可得，θ_1 地区居民制成品最优消费数量和农产品最优消费数量分别为：$M=\mu Y/G$ 且 $A=(1-\mu)Y/p^A$。进一步展开可得

$$A = (1-\mu)Y/p^A \quad (3.23)$$

$$m(i) = \mu Y \frac{p(j)^{-\sigma}}{G^{-(\sigma-1)}}, i \in [0, n] \quad (3.24)$$

$$U = \mu^{\mu}(1-\mu)^{1-\mu} Y G^{-\mu}(p^A)^{-(1-\mu)} \quad (3.25)$$

式中，式（3.23）为 θ_1 地区居民农产品需求函数，式（3.24）为单一制成品需求函数，式（3.25）为居民间接效用函数，$G^{-\mu}(p^A)^{-(1-\mu)}$ 则表示 θ_1 地区生活物价指数。

在完成了单一地区经济主体模型构建后，本书进而引入贸易互通变量来将这 θ 个城市群体中的各个地区联系起来，以构建多元空间经济模型。借鉴"冰山成本"概念（萨缪尔森，2008），在已有模型基础上引入贸易互通参数 T [所谓"冰山成本"，即如果把一单位产品（农产品或制成品）从地区 r 运到地区 s，那么从地区 r 运出的产品只会有一部分可以到达地区 s（即 $1/I_{rs}^A$ 或者 $1/I_{rs}^M$），而其余部分的产品就像冰雪一样"融化"掉了。因此要想有 1 单位农产品或制造业产品完整地运送到目的地，那么在原产地就必须装运 I_{rs}^A 或者 I_{rs}^M 的对应产品]。其具体表达式为

$$T = 1/I, T \in [0,1], I \in [1, +\infty] \quad (3.26)$$

式中，I 为冰山成本，当 $T=0$（$I \to +\infty$）时，表示各城市地区之间贸易成本无穷大，即存在绝对的贸易壁垒，各地区经济发展完全独立，互相之间没有任何经贸往来；当 $T=1$（$I=1$）时，表示三地区间不存在任何贸易壁垒，生产资料、物质资源和劳动力等可以在各地区间自由流动。为了便于后文分析，本节给出第五个假设：

假设 5：整个城市群空间区域内部均存在经济活动。一方面，涉及农产品的经济活动整个区间内均无成本，另一方面，涉及制成品的经济活动，在城市区域内无成本，城市之间存在"冰山成本"。

下面引入另一个城市经济主体 θ_2，使其与 θ_1 建立空间经济联系。我们用 n_{θ_1} 表示 θ_1 地区制成品种类。定义 $p_{\theta_1}^M$ 表示 θ_1 地区制成品当地出厂价格，$p_{\theta_1\theta_2}^M$ 表示 θ_1 地区制成品运到 θ_2 地区的到岸价，具体形式为

$$p_{\theta_1\theta_2}^M = \frac{p_{\theta_1}^M}{T_{\theta_1\theta_2}^M} \quad (3.27)$$

记 θ_2 地区价格指数为 G_{θ_2}，于是利用式（3.21）可写出引入贸易互通要素后 θ_2 地区的价格指数

$$G_{\theta_2} = \left[\sum_{\alpha=\theta_1}^{R} n_\alpha \left(\frac{p_\alpha^M}{T_{\alpha\theta_2}^M}\right)^{1-\sigma}\right]^{1/(1-\sigma)}, R = \theta \quad (3.28)$$

利用式（3.24）可以得，θ_2 地区对 θ_1 地区任一制成品的需求量

$$\mu Y_{\theta_2} \left(\frac{p_{\theta_1}^M}{T_{\theta_1\theta_2}^M}\right)^{-\sigma} G_{\theta_2}^{\sigma-1} \quad (3.29)$$

式中，Y_{θ_2} 表示 θ_2 地区居民的收入。基于式（3.29），可得出 θ_1 地区制成品在整个城市群的销售总量 $q_{\theta_1}^M$：

$$q_{\theta_1}^M = \mu \sum_{\alpha=\theta_1}^{R} Y_\alpha \left(\frac{p_{\theta_1}^M}{T_{\theta_1\alpha}^M}\right)^{-\sigma} \frac{G_\alpha^{\sigma-1}}{T_{\theta_1\alpha}^M}, R = \theta \quad (3.30)$$

由式（3.30）可知，多元空间经济模型中，任一地区经济主体的制成品销量取决于地区收入、价格指数、出厂价格以及贸易互通条件，与各经济主体之间的具体空间分布无关，自此多元空间经济模型构建工作基本完成。

为便于后文分析，假定所有地区制成品生产函数只包含劳动力这单一自变量且生产技术相同，且基于假设3，则生产数量 q^M 与劳动力 l^M 之间的关系可写为

$$l^M = F + c^M q^M \quad (3.31)$$

式中，F、c^M 分别表示固定劳动力投入和边际劳动力投入。同样基于假设3，可推导产品种类数目等于厂商数目。对于 θ_1 地区而言，假定产品出厂价为 $p_{\theta_1}^M$，制造业工人名义工资为 $w_{\theta_1}^M$，则利润 π_{θ_1} 为

$$\pi_{\theta_1} = p_{\theta_1}^M q_{\theta_1}^M - w_{\theta_1}^M (F + c^M q_{\theta_1}^M) \tag{3.32}$$

根据利润最大化原则,可得

$$p_{\theta_1}^M (1 - 1/\sigma) = c^M w_{\theta_1}^M \tag{3.33}$$

由于厂商可以自由进出市场,如果定价原则给定,则利润方程变为

$$\pi_{\theta_1} = w_{\theta_1}^M \left[\frac{q_{\theta_1}^M c^M}{\sigma - 1} - F \right] \tag{3.34}$$

所以,零利润均衡产出为 $q^* \equiv F(\sigma - 1)/c^M$,代入式(3.31)可得均衡劳动投入 $l^* = F\sigma$。定义 n_{θ_1} 表示 θ_1 地区厂商数目,$L_{\theta_1}^M$ 表示当地工人数量,则 $n_{\theta_1} = L_{\theta_1}^M / l^*$

代入式(3.30)和式(3.33),基于厂商零利润条件可得

$$w_{\theta_1}^M = \left(\frac{\sigma - 1}{\sigma c^M} \right) \left[\frac{\mu}{q^*} \sum_{\alpha=1}^{R} Y_\alpha (T_{\theta_1 \alpha}^M G_\alpha)^{\sigma-1} \right]^{1/\sigma} \tag{3.35}$$

由式(3.35)可知,θ_1 地区居民工资水平同收入水平及贸易互通条件成正比。由此 θ_1 地区居民的实际工资 $\omega_{\theta_1}^M$ 为

$$\omega_{\theta_1}^M = w_{\theta_1}^M G_{\theta_1}^{-\mu} (p_{\theta_1}^A)^{-(1-\mu)} \tag{3.36}$$

下面开始参数简化推导。设 $c^M = (\sigma - 1)/\sigma$,则式(3.33)可化简为 $p_{\theta_1}^M = w_{\theta_1}^M$,可得 $q^* = l^*$;设 $F = \mu/\sigma$,则均衡产量方程可以改写为 $n_{\theta_1} = L_{\theta_1}^M / \mu$,可得厂商零利润产出为 $q^* = l^* = \mu$,进而可得到以下两式:

$$G_{\theta_1} = \left[\frac{1}{\mu} \sum_{\alpha=1}^{R} L_\alpha^M \left(\frac{w_\alpha^M}{T_{\theta_1 \alpha}^M} \right)^{1-\sigma} \right]^{1/(1-\sigma)} \tag{3.37}$$

$$w_{\theta_1}^M = \left[\sum_{\alpha=1}^{R} Y_\alpha (T_{\theta_1 \alpha}^M G_\alpha)^{\sigma-1} \right]^{1/\sigma} \tag{3.38}$$

式(3.37)为 θ_1 地区简化版价格指数,式(3.38)为 θ_1 地区简化版名义工资方程。

下面开始进行多元空间经济模型组合构建。给定 θ 个城市群总的制造业人口为 L^M,农业劳动人口为 L^A。用 λ_{θ_1}、λ_{θ_2}、…、λ_{θ_n} 分别来表示在任何一时间点上 θ_1 地区、θ_2 地区、…、θ_n 地区对应制造业劳动力比例,ψ_{θ_1}、ψ_{θ_2}、…、ψ_{θ_n} 表示在任何一时间点上 θ_1 地区、θ_2 地区、…、θ_n 地区对应的

农业劳动力比例。设 $L^A + L^M = 1$，则 $L^M = \mu$，$L^A = 1 - \mu$。基于长江经济带大部分地区农业劳动力收入差距远小于城市劳动力收入差距的现实情况，同时结合前文假设，给定 $w_{\theta_1}^A = w_{\theta_2}^A = \cdots = w_{\theta_n}^A = 1$，且由于农业贸易成本为 0，因此令 $T = T^M$。

假定地区工资差距是各城市地区制造业人口流动的主要原因，即倘若 θ_1 地区工资高于 θ_2 地区，那么 θ_2 地区的制造业人口就会流向 θ_1 地区，本书定义 $\boldsymbol{\lambda}$ 为制造业人口流动向量。另外由于农业运输成本为 0，因此令 $T = T^M$。

综上所述，可以构建多元空间经济模型方程组，其中式（3.39）、式（3.40）、式（3.41）和式（3.42）分别表示多元空间经济模型的收入方程组、价格指数方程组、名义工资方程组和实际工资方程组：

$$\begin{cases} Y_{\theta_1} = \mu \lambda_{\theta_1} w_{\theta_1}^M + (1-\mu)\psi_{\theta_1} \\ Y_{\theta_2} = \mu \lambda_{\theta_2} w_{\theta_2}^M + (1-\mu)\psi_{\theta_2} \\ \quad \vdots \\ Y_{\theta_n} = \mu \lambda_{\theta_n} w_{\theta_n}^M + (1-\mu)\psi_{\theta_n} \end{cases} \quad (3.39)$$

$$\begin{cases} G_{\theta_1} = \left[\lambda_{\theta_1} w_{\theta_1}^{M(1-\sigma)} + \lambda_{\theta_2} \left(\dfrac{w_{\theta_2}^M}{T}\right)^{1-\sigma} + \cdots + \lambda_{\theta_n} \left(\dfrac{w_{\theta_n}^M}{T}\right)^{1-\sigma} \right]^{1/1-\sigma} \\ G_{\theta_2} = \left[\lambda_{\theta_1} \left(\dfrac{w_{\theta_1}^M}{T}\right)^{(1-\sigma)} + \lambda_{\theta_2} w_{\theta_2}^{M(1-\sigma)} + \cdots + \lambda_{\theta_n} \left(\dfrac{w_{\theta_n}^M}{T}\right)^{1-\sigma} \right]^{1/1-\sigma} \\ \quad \vdots \\ G_{\theta_n} = \left[\lambda_{\theta_1} \left(\dfrac{w_{\theta_1}^M}{T}\right)^{(1-\sigma)} + \lambda_{\theta_2} \left(\dfrac{w_{\theta_2}^M}{T}\right)^{1-\sigma} + \cdots + \lambda_{\theta_n} w_{\theta_n}^{M(1-\sigma)} \right]^{1/1-\sigma} \end{cases} \quad (3.40)$$

$$\begin{cases} w_{\theta_1} = \left[Y_{\theta_1} G_{\theta_1}^{\sigma-1} + Y_{\theta_2} (T G_{\theta_2})^{\sigma-1} + \cdots + Y_{\theta_n} (T G_{\theta_n})^{\sigma-1} \right]^{1/\sigma} \\ w_{\theta_2} = \left[Y_{\theta_1} (T G_{\theta_1})^{\sigma-1} + Y_{\theta_2} G_{\theta_2}^{\sigma-1} + \cdots + Y_{\theta_n} (T G_{\theta_n})^{\sigma-1} \right]^{1/\sigma} \\ \quad \vdots \\ w_{\theta_n} = \left[Y_{\theta_1} (T G_{\theta_1})^{\sigma-1} + Y_{\theta_2} (T G_{\theta_2})^{\sigma-1} + \cdots + Y_{\theta_n} G_{\theta_n}^{\sigma-1} \right]^{1/\sigma} \end{cases} \quad (3.41)$$

$$\begin{cases} \omega_{\theta_1} = w_{\theta_1} G_{\theta_1}^{-\mu} \\ \omega_{\theta_2} = w_{\theta_2} G_{\theta_2}^{-\mu} \\ \quad \vdots \\ \omega_{\theta_n} = w_{\theta_n} G_{\theta_n}^{-\mu} \end{cases} \quad (3.42)$$

（2）长江经济带发展模式比较：贸易互通条件视角

为了更好的讨论多元空间经济模型运行机制，首先令 $\theta=3$❶。以克鲁格曼等学者及相关统计数据为参考依据，本书设 $\sigma=5$，$\mu=0.4$。定义农业在三地区间平均分布即 $\psi_{\theta_1}=\psi_{\theta_2}=\psi_{\theta_3}=\frac{1}{3}$，三地区间贸易互通条件为 T_3，可得到以下方程组：

$$\begin{cases} Y_{\theta_1} = 0.4\lambda_{\theta_1} w_{\theta_1}^M + 0.2 \\ Y_{\theta_2} = 0.4\lambda_{\theta_2} w_{\theta_2}^M + 0.2 \\ Y_{\theta_3} = 0.4\lambda_{\theta_3} w_{\theta_3}^M + 0.2 \end{cases} \quad (3.43)$$

$$\begin{cases} G_{\theta_1} = \left[\lambda_{\theta_1} w_{\theta_1}^{M\,-4} + \lambda_{\theta_2}\left(\dfrac{w_{\theta_2}^M}{T}\right)^{-4} + \lambda_{\theta_3}\left(\dfrac{w_{\theta_3}^M}{T}\right)^{-4} \right]^{-1/4} \\ G_{\theta_2} = \left[\lambda_{\theta_1}\left(\dfrac{w_{\theta_1}^M}{T}\right)^{-4} + \lambda_{\theta_2} w_{\theta_2}^{M\,-4} + \lambda_{\theta_3}\left(\dfrac{w_{\theta_3}^M}{T}\right)^{-4} \right]^{-1/4} \\ G_{\theta_3} = \left[\lambda_{\theta_1}\left(\dfrac{w_{\theta_1}^M}{T}\right)^{-4} + \lambda_{\theta_2}\left(\dfrac{w_{\theta_2}^M}{T}\right)^{-4} + \lambda_{\theta_3} w_{\theta_3}^{M\,-4} \right]^{-1/4} \end{cases} \quad (3.44)$$

$$\begin{cases} w_{\theta_1} = \left[Y_{\theta_1} G_{\theta_1}^4 + Y_{\theta_2}(TG_{\theta_2})^4 + Y_{\theta_3}(TG_{\theta_3})^4 \right]^{1/5} \\ w_{\theta_2} = \left[Y_{\theta_1}(TG_{\theta_1})^4 + Y_{\theta_2} G_{\theta_2}^4 + Y_{\theta_3}(TG_{\theta_3})^4 \right]^{1/5} \\ w_{\theta_3} = \left[Y_{\theta_1}(TG_{\theta_1})^4 + Y_{\theta_2}(TG_{\theta_2})^4 + Y_{\theta_3} G_{\theta_3}^4 \right]^{1/5} \end{cases} \quad (3.45)$$

---

❶ $\theta=2$，该模型则变成了克鲁格曼已经讨论过的传统中心外围模型，且地区间要素流动方向过于单一，这里就不再讨论了。

$$\begin{cases} \omega_{\theta_1} = w_{\theta_1} G_{\theta_1}^{-0.4} \\ \omega_{\theta_2} = w_{\theta_2} G_{\theta_2}^{-0.4} \\ \omega_{\theta_3} = w_{\theta_3} G_{\theta_3}^{-0.4} \end{cases} \quad (3.46)$$

下面本书以式（3.43）、式（3.44）、式（3.45）和式（3.46）为基础，运用 MATLAB 7.0 仿真分析三地区贸易互通条件变动对整个空间经济体运作的影响机理。

情况一：地区间贸易互通条件较差时（即区域板块化发展），要素在各经济主体间自由流通难度较大，定义 $T=0.2$，可得到图3.3。

图3.3中，横坐标 $\vec{\lambda}$ 为被减数地区（例如图3.3（a）表示 θ_1 地区）的制造业份额，纵坐标为地区间实际工资之差。首先来看图3.3（a），当横坐标 $\vec{\lambda}$ 小于0.33时，θ_1 地区实际工资要高于 θ_2、θ_3 地区实际工资均值，当横坐标 $\vec{\lambda}$ 大于0.33时，θ_1 地区实际工资要低于 θ_2、θ_3 地区实际工资均值。以上结果表明：由于假设工人都是完全理性的，在贸易互通条件较差时（人口流动存在较高成本），对同一制造行业来讲，人们在制造业人口相对较少的城市能获得较高的实际工资，因此当 $\vec{\lambda}$ 小于0.33时，θ_1 地区更具有吸引力。随着人口的不断进入，θ_1 地区实际工资也随之下降，当 $\vec{\lambda}$

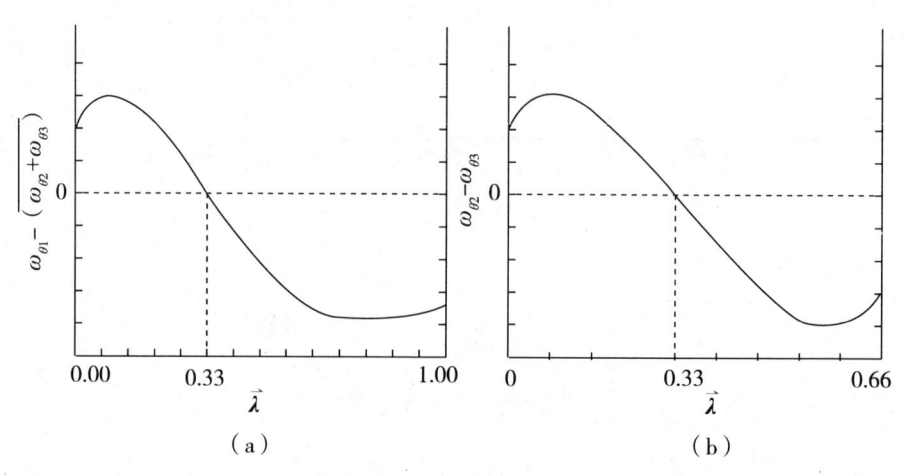

图3.3 地区间贸易互通条件较差（区域板块化发展）

为0.33时，地区间工资相等。倘若$\vec{\lambda}$继续增大，那么θ_1地区实际工资就会进一步下降，进而θ_1地区同一制造业实际工资将低于其他地区，最终过多流入θ_1地区的制造业人口又会开始回流。同理图3.3（b），也可以得出同样结论。

结论1：在地区间贸易互通条件较差的情况下（即区域板块化发展），三地区空间经济体在$\vec{\lambda}=0.33$时实现了动态均衡，此时同一制造业在三地区之间平均分布。

情况二：地区间贸易互通条件较好时（即区域经济一体化发展），要素在各经济主体间自由流通较为容易，令$T=0.9$，可得到图3.4。

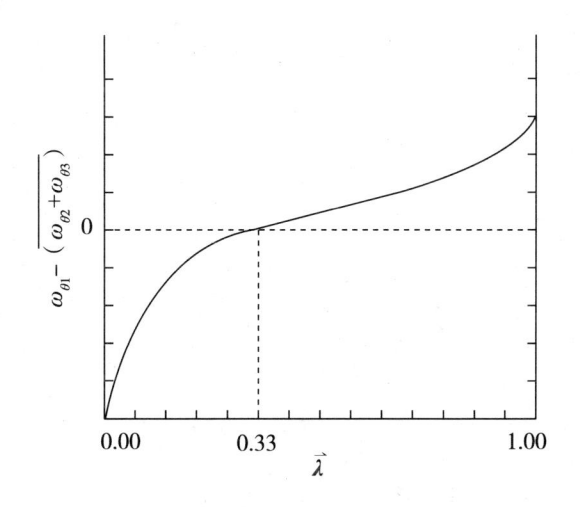

图3.4 地区间贸易互通条件较好（区域经济一体化发展）

由图3.4可知，就同一制造业而言当$\vec{\lambda}<0.33$时，θ_1地区实际工资要低于θ_2、θ_3地区实际工资均值，但是θ_1地区实际工资随着$\vec{\lambda}$的单调上升而上升，当$\vec{\lambda}=0.33$时，地区间实际工资相同，随着$\vec{\lambda}$持续增加，θ_1地区实际工资逐渐超过θ_2、θ_3地区实际工资均值。可以看出在在地区间贸易互通条件较好的情况下，受"前向关联"和"后向关联"双重效应的影响（Ottaviano，2001），$\vec{\lambda}=0.33$不再是一个稳定的动态均衡点。最终三地区该制造业的所有劳动从业者都会被吸引到θ_1地区（假设θ_1地区同一制造业初始劳动力份额要高于θ_2、θ_3地区），而θ_2、θ_3地区对应制造业的劳动

力则为0，该结果表明在市场力的自发作用下，三地区空间经济体中的某一制造业集聚在 θ_1 地区形成了。

结论2：在地区间贸易互通条件较好时（即区域经济一体化发展），三地区空间经济体将在市场力推动下打破同一制造业的平均化，进而自发形成该制造业的集聚。其中该制造业集聚形成经济主体的选择，取决于最初 θ_1、θ_2 和 θ_3 地区之间该制造业的比较优势。

(3) 贸易互通条件对长江经济带（多元空间经济体）发展的影响机制分析

由克鲁格曼"中心－外围模型"结论可知，两地区空间经济模型在地区间贸易成本较高时，会存在地区经济平均化发展均衡，在贸易成本较低时会形成地区集聚化均衡。该结论与前文推导结论近乎一致，因此可进一步得出：

结论3：在地区间贸易互通条件较差情况下（即区域板块化发展），多元空间经济体将形成平均化均衡。

结论4：在地区间贸易互通条件较好情况下（即区域经济一体化发展），多元空间经济体将形成集聚化均衡。

结论3结果显示，长江经济带（多元空间经济体）如果采取区域板块化发展模式，流域各省区市间行政壁垒影响将非常显著，导致经济要素在各主体之间流动存在较大难度，最终会使得多元空间经济体发展出现平均化均衡。平均化均衡即多元空间经济体内部各城市的各种制造业份额将趋于一致，使得整个区域形成制造业平均分布均衡，这一现象就是产业同构，很显然产业同构将使得区域内竞争激烈，影响资源配置效率，严重限制了多元空间经济体的发展活力。

结论4结果显示，长江经济带（多元空间经济体）如果采取区域经济一体化发展模式，流域各省区市间行政壁垒影响将不断削弱，区域内部贸易互通条件不断改善，进而激发经济要素在各主体之间流动速度，最终促使多元空间经济体有效转变地区经济增长方式，自发形成集聚化均衡。多元空间经济体集聚化均衡的形成，一方面，会进一步引发前向关联效应和后向关联效应，扩大各省区市集聚经济辐射范围，从而提高整体经济发展活力；另一方面，会加快经济主体内部各项要素、资源自发的进行区位流动，优化相关资源的配置，改善多元空间经济体内部各主体产业结构，激发区域创新动力，提高多元空间经济体发展效率，从质的层面拉动长江经济带发展。

综上所述，贸易互通条件视角的研究结果表明，对于长江经济带（多元空间经济体）而言，区域经济一体化发展模式要更优于区域板块化发展模式。

（4）长江经济带发展模式比较分析：集聚化转型门槛视角

接下来本书进一步讨论，当贸易互通条件改善到何种程度时，多元空间经济体平均化均衡会转化为集聚化均衡。

基于结论3，可定义多元空间经济体平均化均衡下各经济体内生变量值为

$$\lambda_{\theta_1} = \lambda_{\theta_2} = \cdots = \lambda_{\theta_n} = \frac{1}{n};$$

$$Y_{\theta_1} = Y_{\theta_2} = \cdots = Y_{\theta_n} = \frac{1}{n};$$

$$w_{\theta_1} = w_{\theta_2} = \cdots = w_{\theta_n} = 1;$$

$$G_{\theta_1}^{1-\sigma} = G_{\theta_2}^{1-\sigma} = \cdots = G_{\theta_n}^{1-\sigma} = \frac{1 + (n-1)T^{\sigma-1}}{n}$$

显然平均化均衡下，当多元空间经济体其中某一地区内生变量发生变化，必定会使得其他地区同一变量做出相应变化，而且前后两者变化幅度相同，但符号相反。由此本书将多元空间经济体划分为两大群体，分别为 θ_1 和 $\theta_2, \cdots, \theta_n$，定义

$$d\lambda = d\lambda_{\theta_1} = -d\lambda_{\theta_2,\cdots,\theta_n} = -(d\lambda_{\theta_2} + \cdots + d\lambda_{\theta_n});$$

$$dY = dY_{\theta_1} = -dY_{\theta_2,\cdots,\theta_n} = -(dY_{\theta_2} + \cdots + dY_{\theta_n});$$

$$dw = dw_{\theta_1} = -dw_{\theta_2,\cdots,\theta_n} = -(dw_{\theta_2} + \cdots + dw_{\theta_n});$$

$$dG = dG_{\theta_1} = -dG_{\theta_2,\cdots,\theta_n} = -(dG_{\theta_2} + \cdots + dG_{\theta_n});$$

$$d\omega = d\omega_{\theta_1} = -d\omega_{\theta_2,\cdots,\theta_n} = -(d\omega_{\theta_2} + \cdots + d\omega_{\theta_n})$$

则式（3.39）~式（3.42）可改写为

$$\begin{cases} Y_{\theta_1} = Y_{\theta_1} \\ Y_{\theta_2,\cdots,\theta_n} = Y_{\theta_2} + \cdots + Y_{\theta_n} \end{cases} \quad (3.47)$$

$$\begin{cases} G_{\theta_1} = G_{\theta_1} \\ G_{\theta_2,\cdots,\theta_n} = G_{\theta_2} + \cdots + G_{\theta_n} \end{cases} \quad (3.48)$$

$$\begin{cases} w_{\theta_1} = w_{\theta_1} \\ w_{\theta_2,\cdots,\theta_n} = w_{\theta_2} + \cdots + w_{\theta_n} \end{cases} \quad (3.49)$$

$$\begin{cases} \omega_{\theta_1} = \omega_{\theta_1} \\ \omega_{\theta_2,\cdots,\theta_n} = \omega_{\theta_2} + \cdots + \omega_{\theta_n} \end{cases} \quad (3.50)$$

对式（3.47）求全微分可得

$$\begin{aligned} \mathrm{d}Y_{\theta_1} &= \mu w_{\theta_1}\mathrm{d}\lambda_{\theta_1} + \mu\lambda_{\theta_1}\mathrm{d}w_{\theta_1} \\ \mathrm{d}Y_{\theta_2,\cdots,\theta_n} &= \mu w_{\theta_2}\mathrm{d}\lambda_{\theta_2} + \mu\lambda_{\theta_2}\mathrm{d}w_{\theta_2} + \cdots + \mu w_{\theta_n}\mathrm{d}\lambda_{\theta_n} + \mu\lambda_{\theta_n}\mathrm{d}w_{\theta_n} \end{aligned} \quad (3.51)$$

假设在整个空间区域内，各城市主体之间存在较大的贸易障碍，及贸易互通条件非常差，因此可以认为当前 n 地区制造业处于平均分布均衡附近，以上两式则可简化为

$$\mathrm{d}Y = \mu\mathrm{d}\lambda + \frac{\mu}{n}\mathrm{d}w \quad (3.52)$$

同理可对式（3.48）、式（3.49）和式（3.50）求全微分，进而得出以下方程：

$$\frac{\mathrm{d}G}{G} = \frac{(1-T^{\sigma-1})}{(1-\sigma)G^{1-\sigma}}\left[\mathrm{d}\lambda + \frac{(1-\sigma)}{n}\mathrm{d}w\right] \quad (3.53)$$

$$\mathrm{d}w = \frac{(1-T^{\sigma-1})}{\sigma G^{1-\sigma}}\left[\mathrm{d}Y + \frac{(\sigma-1)}{nG}\mathrm{d}G\right] \quad (3.54)$$

$$\mathrm{d}\omega = G^{-\mu}\left(\mathrm{d}w - \frac{\mu\mathrm{d}G}{G}\right) \quad (3.55)$$

将式（3.52）代入式（3.54）中消除 $\mathrm{d}Y$，然后将消除 $\mathrm{d}Y$ 后的式（3.55）与式（3.54）联立变形可得

$$\frac{\mathrm{d}G}{G} = \frac{n\sigma\left[\frac{1-T^{\sigma-1}}{1+(n-1)T^{\sigma-1}}\right]\left[\frac{\mu-\mu T^{\sigma-1}}{1+(n-1)T^{\sigma-1}}-1\right]}{(1-\sigma)\left\{\left[\frac{1-T^{\sigma-1}}{1+(n-1)T^{\sigma-1}}\right]^2\sigma - \left[\frac{1-T^{\sigma-1}}{1+(n-1)T^{\sigma-1}}\right]^2 + \frac{\mu-\mu T^{\sigma-1}}{1+(n-1)T^{\sigma-1}}-\sigma\right\}}\mathrm{d}\lambda$$

(3.56)

$$\mathrm{d}w = \frac{n\left[\frac{1-T^{\sigma-1}}{1+(n-1)T^{\sigma-1}}\right]\left[\frac{1-T^{\sigma-1}}{1+(n-1)T^{\sigma-1}}-\mu\right]}{\left[\frac{1-T^{\sigma-1}}{1+(n-1)T^{\sigma-1}}\right]^2\sigma - \left[\frac{1-T^{\sigma-1}}{1+(n-1)T^{\sigma-1}}\right]^2 + \frac{\mu-\mu T^{\sigma-1}}{1+2T^{\sigma-1}}-\sigma}\mathrm{d}\lambda$$

(3.57)

定义 $X = \frac{1-T^{\sigma-1}}{1+(n-1)T^{\sigma-1}}$，因为 $T \in [0, 1]$，由此可得出 $X \in [0, 1]$，且 X 与 T 反向变动。当 $X = 1$ 时，表示 n 地区间贸易壁垒无穷大，各地区独自进行经济发展；当 $X = 0$ 时，表示 n 地区间处于不存在任何贸易壁垒的理想状态，地区间经济活动不存在任何成本，各经济主体之间可进行自由贸易往来。

将 X 代入式（3.56）和式（3.57）将方程进行简化，然后将简化后的两个方程代入式（3.55）整理后可得

$$\frac{\mathrm{d}\omega}{\mathrm{d}\lambda} = \frac{nXG^{-\mu}}{\sigma-1}\left\{\frac{\mu(2\sigma-1) - X[\sigma(1+\mu^2)-1]}{X^2 - X^2\sigma - X\mu + \sigma}\right\} \quad (3.58)$$

将 $\rho = \frac{\sigma-1}{\sigma}$ 代入式（3.58）可变形得：

$$\frac{\mathrm{d}\omega}{\mathrm{d}\lambda} = \frac{nXG^{-\mu}(1-\rho)}{\rho}\left[\frac{\mu(1+\rho) - X(\rho+\mu^2)}{1-\mu X + \mu X\rho - \rho X^2}\right] \quad (3.59)$$

下面要讨论 $\frac{\mathrm{d}\omega}{\mathrm{d}\lambda}$ 的符号变化。首先由前文可知 $X, \rho \in [0, 1]$ 且 $G > 0$，因此 $\frac{nXG^{-\mu}(1-\rho)}{\rho} > 0$；然后来看右边括号内部分，对分母 $1-\mu X + \mu X\rho - \rho X^2$ 加减一项 ρ 可得：$(1-\rho)(1-\mu X) + \rho(1-X^2)$，显然 $(1-\rho)$、$(1-\mu X)$ 及 $\rho(1-X^2)$ 三项大于 0，因此 $\frac{\mathrm{d}\omega}{\mathrm{d}\lambda}$ 的符号变化主要取决于 $\mu(1+\rho) - X(\rho+\mu^2)$。

在多元空间经济体内部几乎不存在任何贸易互通的情况（即 $T=0$），此时分子项变为 $(1-\mu)(\mu-\rho)$，由于克鲁格曼定义中心外围模型必须要满足"非黑洞条件"（即 $\rho>\mu$），同时 $\mu,\rho\in[0,1]$，因此分子项 $(1-\mu)(\mu-\rho)$ 符号为负。该结果表明，当贸易互通条件较差时，多元空间经济体内部任何一地区制造业实际工资都会因为人口增加而减少，因此平均化均衡是稳定的。

当多元空间经济体内部贸易互通条件接近于理想状态时（即 $T\rightarrow1$），此时 $\mu(1+\rho)-X(\rho+\mu^2)$ 符号显然为正，且随着 X 值增加而下降。该结果表明，当贸易互通条件较好时，多元空间经济体内部任何一地区制造业实际工资都会因为人口增加而增加，此时平均化均衡将集聚化均衡替代。

综述所述，当贸易互通条件 T 从 $0\rightarrow1$ 时（即不断改善），$\dfrac{\mathrm{d}\omega}{\mathrm{d}\lambda}$ 的符号将由负变正，而使得 $\dfrac{\mathrm{d}\omega}{\mathrm{d}\lambda}=0$ 时的 T^* 值就是均衡变化临界点（$T=1$ 或者 $X=0$ 时的情况除外）。当 $T<T^*$ 时，多元空间经济体平均化均衡是稳定的；当 $T>T^*$ 时，多元空间经济体平均化均衡将被集聚化均衡替代。

结论5：多元空间经济体内部贸易互通条件只要未能够超过临界值点 T^*，那么平均化均衡始终是稳定的；一旦多元空间经济体内部贸易互通条件超过了临界点 T^*，那么平均化均衡将自发转变为集聚化均衡。

令式（3.59）中的 $\dfrac{\mathrm{d}\omega}{\mathrm{d}\lambda}=0$，可得以下方程：

$$T^* = \left[\frac{(\mu^2+\rho)-\mu(1+\rho)}{(\mu^2+\rho)+\mu(n-1)(1+\rho)}\right]^{(1-\rho)/\rho} \quad (3.60)$$

基于前文定义，当 $n=2$ 时，则表示克鲁格曼等人构建的传统"中心－外围"两地区空间经济模型的贸易互通条件临界值方程，当 $n=3$ 时，则变为了三地区空间经济模型的贸易互通条件临界值方程。在 $\sigma=5$，$\mu=0.4$ 时，两地区的贸易互通条件转变临界值 T_2^* 为 0.6148，而三地区贸易互通条件转变临界值 T_3^* 为 0.5623。显然，同样在 $\sigma=5$，$\mu=0.4$ 条件下，三地区贸易互通条件临界点值明显低于两地区的临界值。同时由式

(3.60)分母可知,随着 n 的增大,贸易互通条件临界点值将越来越低,该结果则意味着,区域内参与经济主体越多,越容易形成集聚化发展模式。

结论6:贸易互通条件临界值与多元空间经济体内部参与主体个数呈现显著的负相关关系,即在同一空间区域内部,参与经济主体越多,随着贸易互通条件的不断改善,该区域空间越容易打破地区间制造业的平均分布均衡,进而在各经济城市主体之间形成稳定的集聚化均衡。

(5)集聚化转型门槛对长江经济带(多元空间经济体)发展的影响机制分析

当前经济数据显示,长江经济带上中下游三大板块之间经济差距较为明显,板块内部各地区产业结构也存在一定的同构性。基于前文理论,可将长江经济带分解为一个三地区空间经济模型(下游板块)和两个四地区空间经济模型(上、中游板块)。

以长江经济带下游板块为例,其属于三地区空间经济模型。虽然在该区域内,已出现一定的产业专业化集聚,例如,上海、江苏、浙江三省近年来制造业集聚化发展势头强劲,但是产业同构问题仍然存在(郝良峰,2016;谢浩,2016),因此可认为该板块并没有跨越过 $T_3^* = 0.5623$ 的门槛,仍处于产业平均化均衡。对于长江经济带中、下游两板块而言,其内部各地区产业结构的同构性更加明显,因此同样可认为这两板块也处于产业平均化均衡。

但是 T^* 门槛的突破是存在明显难度的。以长江经济带下游板块为例,该区域进行长江三角洲城市群发展战略已然有些年份,各方资金投入和政策配套力度也是十分之大,但是目前仍然没有能够使得整个板块有效突破 $T_3^* = 0.5623$ 这一门槛,进而形成区域集聚化发展模式。这一现实也进一步说明,T 的改善不但需要在硬件上进行投入,即改善城市间互联互通基础设施条件,在软件上各城市主体也需要加大政策配套的扶持,而且需要长时间的保持这一投入趋势。虽然上、中游地区属于四地区空间经济体,其门槛 $T_4^* = 0.5266$ 要低于下游地区的 $T_3^* = 0.5623$,但是相对于下游地区而言其板块内部经济环境、生产技术等优势并不明显。倘若未来的时间里,长江经济带发展仍然按照上中下游三大板块各自发展的模式进行，那么整个经济带生产力将在很长一段时间里得不到质的提升，因为产业平均发展均衡是很难得到有效改变的，只有一举突破 T^* 门槛，才能使得整个区域生产力实现量到质的转变，而且这一转变一旦开始，地区不同产业之间就会自发的在市场引导下进行集聚转移，最终实现整个长江经济带产业结构的优化布局。

那么如何才能够尽快改变当前长江经济带产业同构发展局面？基于结论 6 可知，区域内部参与主体越多，T^* 门槛就越低。T^* 门槛越低就意味着，从平均发展均衡转变为集聚发展均衡的难度就越低，换句话讲，即区域内部各城市前期用于改善贸易互通条件的经济成本、时间成本及政治成本就越低。显然选择区域经济一体化模式来替换当前的板块化发展模式，能够有效打破长江经济带内部各经济主体之间的板块壁垒，把十一个省区市地区同时作为一个区域整体的经济成员，该空间区域的集聚均衡突破门槛值就变为了 $T_{11}^* = 0.4141$，远低于三地区门槛 $T_3^* = 0.5623$ 及四地区门槛 $T_4^* = 0.5266$，这样整个长江经济带就能够更早、更容易的实现产业集聚化发展均衡，从而优化资源配置，激发区域创新活力，提高整体经济效率。

综上所述，集聚化转型门槛值的研究结果表明，长江经济带选择区域经济一体化发展模式，将降低经济转型的门槛值，使得整个区域更加容易形成集聚化发展均衡，这是区域板块化发展模式所不具备的。

3.3.2 长江经济带农业绿色效率水平：基于 SE – Window – DEA 模型

（1）SE – Window – DEA 模型介绍

DEA 模型也称为数据包络分析（data envelopment analysis），它可以判断各决策单元（DMU）是否相对有效率。但是，传统的 DEA 模型对于那些效率值为 1 的决策单元没有办法区别出大小，对此，安徒生和彼德森（Andersen，Petersen）（1993）提出 super – efficiency DEA（即超效率 DEA 评价模型，简称 SE – DEA）可以很好地解决这个问题。在 SE – DEA 模型中，效率值低于 1 的决策单元的前沿面保持不变，等于 1 的决策单元的前沿面则被后移，其中投入增加的部分就算做超效率。基于 CCR 模型的超效率模型线性规划形式为

$$\min[\theta - \xi(\sum_{i=1}^{m} S_i^- + \sum_{r=1}^{s} S_r^+)]$$

s. t.

$$\sum_{i=1,j\neq k}^{n} X_{ij}\lambda_j + S_i^- = \theta X_0, i = 1,2,\cdots,m \qquad (3.61)$$

$$\sum_{i=1,j\neq k}^{n} Y_{hj}\lambda_j - S_r^+ = Y_0, h = 1,2,\cdots,s$$

$$\lambda_j \geq 0, j = 1,2,\cdots,n, S_i^- \geq 0, S_r^+ \geq 0$$

式（3.61）中，n 表示决策单元数量；X 表示投入要素；m 表示投入要素的数量；Y 表示产出要素；s 表示产出要素的数量；λ 表示决策单元的搭配比例，$\sum \lambda > 1$，$\sum \lambda = 1$ 和 $\sum \lambda < 1$ 分别表示规模报酬的三种状态：递增、不变和递减；S_i^- 和 S_r^+ 为松弛变量，分别表示投入过剩和投入不足；θ 表示各决策单元的效率水平，当 $\theta < 1$ 时，说明该决策单元没有达到有效状态；当 $\theta > 1$ 时，则表明该决策单元达到了有效的状态。

然而，SE – DEA 模型得到的是一种静态结果，依然无法比较不同前沿面之间的效率，而在各国基础设施建设的过程中，基础设施并不会立即提升互联互通的效率，一般会在运营一段时期之后才有所体现，因此运用传统 SE – DEA 方法可能带来偏误，查恩斯（Charnes）等（1985）提出了窗口 DEA（Window – DEA）方法，Window – DEA 方法是基于移动平均的原理，将决策单元划分为不同的窗口时期，不同的窗口时期会有不同的效率表现，而后再将这些不同的值进行平均计算，得出这段时间该决策单元的效率水平，这样能够较好地解决所有决策单元在不同时点上的比较问题。因此，本节引入 SE – Window – DEA 模型来评价中国整体以及中国长江经济带区域的农业绿色效率，按照 Window – DEA 的思想，将一个省域的不同时期当作不同的决策单元，测算不同时期的农业绿色效率，可以反映出

同一区域的效率随时间变化而变化的状态。此外,该方法由于可以多设置时间窗口,从而扩大了决策单元的数量,进而改变传统 DEA 中决策单元数量较少产生多个决策单元效率值差异辨识度较低的劣势。

SE-Window-DEA 模型首先需要确定窗口宽度 w,也就是时间分割的跨度,这一分割并没有既定的规律,不同学者的划分可能不一样,查恩斯等(1994)认为在分割时间窗口时,最好将窗口宽度设为 3 或者 4,可以取得较好的可信度和稳定度,因此,本书选择中国各省区市 2008—2017 年的面板数据进行研究,决策单元数量 $n=30$,研究期限 $t=10$,取窗口宽度 $w=3$,可得到 2008—2010 年、2009—2011 年、2010—2012 年、2011—2013 年、2012—2014 年、2013—2015 年、2014—2016 年、2015—2017 年共 8 个窗口,最终决策单元被扩充为 240 个($n \cdot w = 30 \times 8$)。

(2)实证测度及结果分析

本节所有数据均来自于《中国统计年鉴》《中国农村统计年鉴》《中国农业统计年鉴》《中国环境统计年鉴》《中国能源统计年鉴》以及各省区市统计年鉴等资料。为剔除价格波动的影响,涉及价格的数据均换算成以 2006 年为基期的不变价格。

需要说明的是,本节所提的农业仅为狭义的农业,即种植业,也就是不包括统计年鉴中第一产业内的林业、牧业和渔业。因此,在部分狭义农业数据指标未能得到精确统计时,本书采取估算方法,即将农业总产值占农林牧渔业总产值的比重作为权数进行折算。具体投入产出指标见表 3.8。

表 3.8 投入产出指标解释

指标分类	指标名称	指标解释
投入	能源	折算过的农业生产所耗费的煤、油、电量加总(万吨标煤)
	劳动力	折算过的农业生产劳动力人数(万人)
	资本	折算过的农业全社会固定资产投资(亿元)
	水	农业生产用水总量(亿立方米)
	土地	耕地面积(千公顷)

续表

指标分类	指标名称	指标解释
投入	化肥	氮肥、磷肥和复合肥的施用量加总（按折纯法算）（万吨）
	农药	农药使用量（吨）
	农膜	农用塑料薄膜使用量（吨）
期望产出	农业产出	农业总产值（亿元）
非期望产出	二氧化碳（CO_2）	折算过的农业生产所需煤、油等能源所排放的二氧化碳总量（万吨）
	总氮（TN）	来源于氮肥和复合肥流失的氮量（万吨）
	总磷（TP）	来源于磷肥和复合肥流失的磷量（万吨）

基于上述农业投入产出指标，本书利用 MaxDEA7.0 Pro 软件计算了中国长江经济带以及全国多个省区市 2008—2017 年农业绿色效率水平，具体结果见表 3.9。

表 3.9 长江经济带农业绿色效率测算结果

地区	2008 年	2009 年	2010 年	2011 年	2012 年	2013 年	2014 年	2015 年	2016 年	2017 年
上海	1.2853	1.1634	0.9964	1.2691	1.2764	0.9139	0.7037	1.4422	0.8318	3.2899
江苏	1.4323	0.8977	1.0965	1.3765	1.1708	1.5098	1.2291	1.0207	0.9886	0.9622
浙江	0.9757	0.8216	0.9381	1.2792	0.9570	0.8397	0.6284	0.4526	0.4835	0.4645
安徽	0.9002	0.7629	0.8475	0.8628	0.8444	0.8648	0.8785	0.8297	0.7970	0.7995
江西	0.7809	0.7237	0.7526	0.7978	0.7958	0.8006	0.8179	0.5381	0.9133	0.8536
湖北	0.9336	0.7576	0.9312	1.1404	1.0499	1.0285	0.8134	0.7159	0.8819	0.8453
湖南	0.9371	0.8152	0.9157	1.0478	0.9844	0.8859	0.8104	0.7349	0.7559	0.5929
重庆	0.9099	0.8673	1.0394	1.0985	1.0185	1.0520	1.0180	0.9580	1.0952	0.9978
四川	1.0153	0.8483	0.9122	1.5806	0.9887	1.0258	1.0216	1.0094	1.0615	1.0000
贵州	1.0097	0.8107	1.1726	1.0078	0.9268	1.1578	1.0263	1.1020	0.9052	0.9631
云南	0.6506	0.5710	0.5721	0.8223	0.7148	0.8052	0.7250	0.6228	0.6528	0.6345

由表 3.9 可得，总体上来看，长江经济带农业绿色效率大部分保持在 0.6 至 0.7 之间并保持着稳定的波动。

长江下游地区，主要包括江西、安徽、江苏、上海、浙江。其中上海市和江苏省属于我国相对来说比较发达地区，一直都是我国各类政策的首先试地区，因此他们的农业绿色效率普遍高于其他省份。尤其是上海市，农业在其经济生产里所占的比重并不高，其在农村绿色生产方面的效果也很显著。基本上保持在 1 以上即绿色生产是有效率的，而上海少数年份（2013 年、2014 年、2016 年）绿色效率小于 1 的时候也基本上是保持在 0.8 至 1 之间。同样关于江苏省，其农业绿色生产效率是长江经济带中相对稳定的省份，2016 年前，除了 2009 年以外，其农业绿色生产都是有效率的。2016 年及以后，其绿色生产是没有效率的，并且其绿色效率还有下降的趋势。江苏省也注意到了这种现象，也采取了相对应的措施，如 2018 年 10 月颁布了《江苏省绿色优质农产品基地建设管理暂行办法》等。而浙江省、安徽省和江西省同属于我国东部地区，占据了良好的地理位置，为农业的绿色生产提供了保障。但是近年来浙江省的农业绿色效率趋于下降的趋势，这与浙江省的经济结构有关。在经济结构中第二产业和第三产业占据了很大的比重，使得农业的绿色发展没有受到足够的重视。但是，国家和浙江省也意识到了这个问题，2017 年底，浙江省被农业农村部等八部门授予全国唯一整省推进的国家农业可持续发展试验示范区称号。同时，浙江省还将作为农业绿色发展的试点先行区，全面开展农业绿色发展试点，打造综合示范样板。

长江中游地区，主要包括湖北、湖南。属于中南地区的湖北省和湖南省十年平均农业绿色效率也保持在 1 以下。而这两个省份所面临的困境与处于中部地区的安徽省、江西省类似。他们的产业结构中农业都是占有很大比重，与其他发达的中部地区相比，这四个省份的经济发展明显不够有竞争力，经济上还没有达到农业绿色发展的要求。为了达到国家的农业绿色发展的要求，安徽省农业委员会于 2017 年 7 月 10 日印发推进农业绿色发展的五大行动计划实施方案；江西省也于 2017 年 12 月 06 日江西省农业厅印发《关于加快农业绿色发展推进国家生态文明试验区建设的实施意见》。湖北省于

2018年推行"建设、实施农业绿色发展'四大行动'";而湖南省也于2018年12月提出了《关于创新体制机制推进农业绿色发展的实施意见》。

长江上游地区,主要包括四川、云南、重庆、贵州。重庆市、四川省和贵州省的农业绿色生产率也平均保持在1以上。但是与江苏省和上海市对比可以发现,他们的农业绿色效率均值都是在1.0~1.1之间,说明他们的农业绿色生产有效率但是并不高。重庆市和四川省是一直保持着稳定中带着小波动,除了少数年份的绿色生产是没有效率之外,其余年份均稳定的保持在1.0~1.2之间。这与他们的地理位置和农业产业分布有着很大的关系。而云南省的农业绿色效率却比其他长江上游地区低很多,平均值只有0.6771。首先,相比于其他的省份,云南省的经济水平属于中低水平,对于农业绿色生产的投入相对来说比较小,并且云南省是农业依赖型省份,在没有得到相关经济及政策支持的情况下,农业绿色生产自然是没有效率的。

总而言之,长江经济带的农业绿色效率出现了较大的省份之间不平衡,这与各个省份的经济水平、地理位置、经济产业结构有着密不可分的关系。而那些农业绿色生产没有效率的省份,针对自己省份农业发展的特点及规律,近几年也出台了应对意见及政策,以提高农业绿色效率。

对比长江经济带沿线省区市与其他省区市的绿色效率,可以发现,从2008年到2017年,长江经济带沿线省区市的绿色效率在除此之外的省区市中一直处于中等偏上的水平,长江经济带沿线省区市在2008年、2011年、2013年、2014年、2016年、2017年的绿色效率高于全国年均绿色效率,且高于全国一半以上的其他省区市,尤其是在2017年,长江经济带的绿色效率为1.04,仅低于广东省的绿色效率1.05,这与长江经济带丰富的自然资源尤其是水资源密不可分。相比于长江经济带以外的省区市,长江经济带的绿色效率变化较小,且不断提升,在2012年达到最高水平1.12,高于2/3的其他省区市。同年全国年均水平为1.06,绝多数省区市的绿色效率大于1,都呈增长趋势。

2008年,长江经济带的绿色效率为0.98,高于除河北、黑龙江、广东、广西、陕西和青海之外的2/3的其他省区市,这六个省份的绿色效率都大于等于1,其中广东、陕西和青海三个省份凭借其劳动力、资本方面的优势，绿色效率处于较高水平。2009—2011年，长江经济带沿线省区市的绿色效率逐渐上升，在2011年达到10年以来最高水平，即1.12，除河北、青海、广西的其他省区市的绿色效率也大都逐渐上升；长江经济带的绿色效率变化较小。2012—2016年，长江经济带绿色效率逐渐下降但变化较小，其他省区市除海南省在2014年急剧上升（从2014年的1.30上升到3.01）以外都均衡下降。海南省绿色发展水平位居全国前列，其资源环境与政府政策支持度表现优异。在2017年，长江经济带的农业绿色效率和全国绿色效率均值虽然都上升，但超过2/3的省区市的绿色效率还是下降了，其中海南省绿色效率下降幅度最大，其他省区市变化都较小。而北京、天津、山西、内蒙古等北方省区市在2015—2017年的绿色效率都处于最低水平，源于投入能源的增加、非期望要素投入的增加。

总体而言，2008—2017年长江经济带农业绿色效率均有所提升，而且长江经济带年均农业绿色效率已经高于全国水平。2008—2017年全国年均农业绿色效率为0.92；长江经济带农业绿色效率为0.94。从农业绿色效率变化情况来看（图3.5），2008—2017年长江经济带农业绿色效率在大部

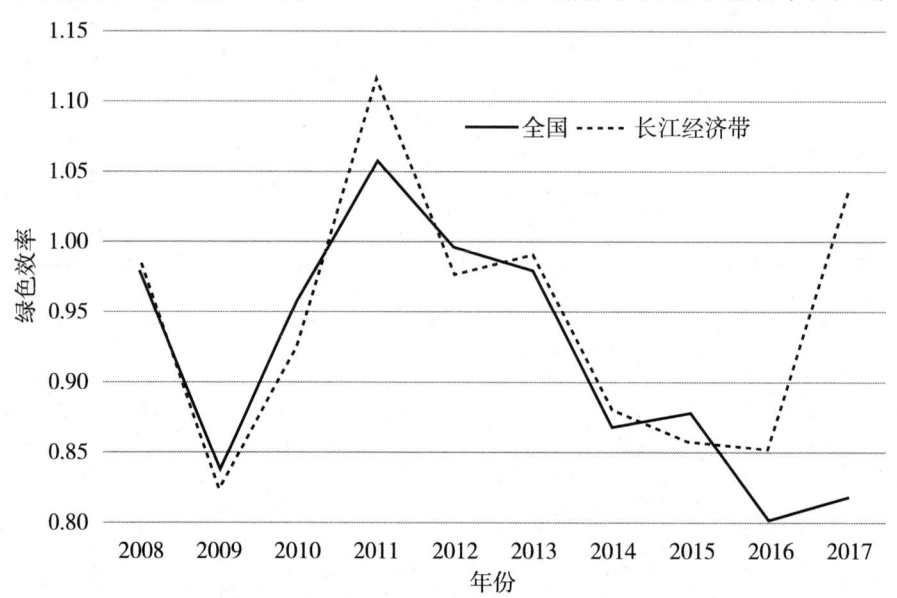

图3.5 全国和长江经济带农业绿色效率对比图

分年份都高于全国农业绿色效率,而在2011年之前长江经济带农业绿色效率大部分低于全国水平。其中,在2008—2017年十年中,长江经济带农业绿色效率只有2011年和2017年高于1.00,农业绿色效率有所提升,而其他年份农业绿色效率出现恶化。总体来说,自2011年起,长江经济带农业绿色效率逐渐改善,甚至超过全国水平,但整体农业绿色效率还是小于1.00,农业绿色效率仍有待提高。

3.4 本章小结

本章首先运用2007—2016年我国西部地区11个省区市的面板数据,建立农业经济绿色转型的理论模型,在理论模型的基础之上运用Malmquist-Luenberger指数测度我国西部地区的农业绿色转型水平,并利用空间面板计量模型进一步实证考察了西部地区农业机械化发展和相关控制变量对该区域农业绿色转型的影响,得出了如下四个研究结论:第一,中国西部地区农业绿色转型已初见成效,在波动中呈上升趋势,但整体转型水平还处于较低位置,有较大发展潜力。第二,西北部和西南部基本保持与西部整体一致的波动上升趋势,但西南地区由于重庆一地的拉动导致其农业绿色转型水平均值高于西北地区,而西北地区各地农业绿色转型水平表现得更为均衡,进一步提升的潜力更大。第三,西部地区农业机械化作业水平对农业绿色转型有积极的推动作用,而农业机械化装备水平则表现出了相反的力量,这种相互牵扯的反向力在西北、西南和整个西部地区都基本一致。其中,相对于西南地区而言,西北地区农业机械化作业水平对西北地区较均衡的绿色转型起到了更正面的影响。第四,农民收入提高和农业技术水平的提升对整个西部地区农业绿色转型有积极的影响;而农业人力资本的影响呈现出区域分化,即西北地区农民收教育水平的提高能促进农业绿色转型,而西南地区则相反;地方对农业的财政支出则没有表现出对农业绿色转型的显著影响。

接着,本章根据空间经济学的基本原理,在"中心-外围"模型基础上修正得到多元空间经济模型，以此对长江经济带11省区市进行空间数理建模，系统性的分析区域板块化模式和区域经济一体化模式哪种更适合长江经济带发展。研究结果显示：板块化发展模式由于存在显著的行政壁垒影响，将导致经济要素在各主体之间流动存在较大难度，最终会使得长江经济带发展出现平均化均衡。平均化均衡即长江经济带内部各城市的各种制造业份额将趋于一致，使得整个区域形成制造业平均分布均衡，这一现象就是产业同构，很显然产业同构将使得区域内竞争激烈，影响资源配置效率，导致资源大量浪费，严重限制了长江经济带发展活力；而区域经济一体化发展模式将不断削弱长江经济带内部各省区市自身行政壁垒影响，改善区域内部贸易互通条件，进而提升经济要素在各省区市之间流动速度，最终促使长江经济带有效转变地区经济增长方式，自发形成集聚化均衡。长江经济带集聚化均衡的形成，一方面，会进一步引发前向关联效应和后向关联效应，扩大各省区市集聚经济辐射范围，从而提高整体经济发展活力；另一方面，会加快经济主体内部各项要素、资源自发地进行区位流动，优化相关资源的配置，改善长江经济带内部各主体产业结构，激发区域创新动力，提高多元空间经济体发展效率，从质的层面拉动长江经济带发展。集聚化转型门槛值的研究结果表明，在区域板块化发展模式下，直接通过加大长江经济带人力、资金投入等方式来打破平均化均衡难度很大且成本很高，与长江发展要"共抓大保护，不搞大开发"理念不符合。长江经济带发展只有采用区域经济一体化模式，才能够有效降低集聚化转型的经济成本和时间成本，提升整体经济发展效率。

最后，本章基于 SE－Window－DEA 模型，对中国长江经济带11省区市 2008—2017 年的面板数据进行了实证研究，测算结果显示，我国长江经济带农业绿色效率呈稳步上升态势，而且长江经济带年均农业绿色效率水平要明显高于全国水平，证实了长江经济带一体化发展对于农业的绿色转型是有着积极作用的。但整体而言长江经济带农业绿色效率水平还是在不少年份小于1，农业绿色效率仍有待提高。

4 中国工业生态价值与绿色效率研究

4.1 中国工业经济发展与环境

工业增长是指一个国家在一定的时期（通常是一年）内所生产的工业产品总量的增加，以及由货币所表现的产值增加。工业品总量增加意味着国民财富总量增加。我国工业增加值从 1952 年的 120 亿元增长到 2018 年超 30 万亿元，达到 970.6 倍，这不仅是量变，更是质变。据世界银行数据显示，按现价美元测算，2010 年我国制造业增加值首次超过美国，成为全球制造业第一大国，自此以后连续多年稳居世界第一；2017 年我国制造业增加值占世界的份额高达 27%，成为驱动全球工业增长的重要引擎。2001—2017 年我国工业增加值如图 4.1 所示。

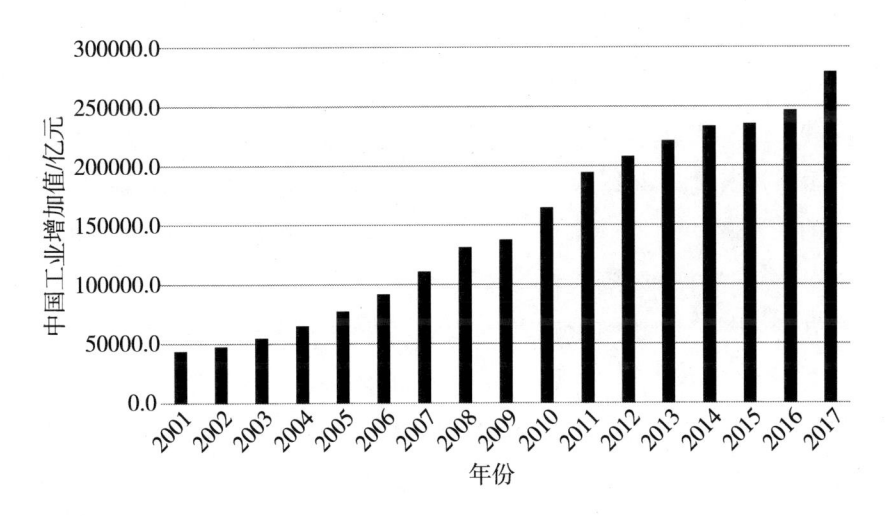

图 4.1 2001—2017 年我国工业增加值

由图4.1可以看出，2001—2017年间我国工业发展成果显著，考察期间工业增加值增长了7倍左右。与此同时另外一个不可忽视的问题逐渐摆放到人民面前，随着我国经济的高速发展，大批的工业产业拔地而起，工业经济和生态环境之间的问题也越来越严重。近年来，大量的工业废水、废气和废料由于处理不当而给环境保护和治理带来影响。目前，为了满足工业经济发展和生态环境保护之间的平衡，国家规定各地区工业生产要满足环境资源可持续发展的策略，在达到生产要求的前提下，尽可能的减少环境污染，为治理我国环境问题做出战略性指导，提高工业生产的社会效益。需要说明的是，当前，造成环境污染的因素有很多，其中，大部分来源于工业生产和工程建设，工业生产污染物来源主要是生产过程中产生的废料、废水和废气，在对其处理的过程中，如果不采用科学有效的方法，则无法达到国家要求。基于此，本部分尝试通过对当前我国工业经济和绿色增长之间的关系进行系统研究，以寻求工业经济与生态环境共同可持续发展的道路。

4.2 中国工业生态价值评价

4.2.1 文献回顾

生态价值，也叫做生态经济效率，由沙尔特格尔和施图尔姆（Schaltegger, Sturm）（1990）首次提出，世界可持续发展委员会在1992年里约地球峰会上对其进行了首次界定，其他一些组织机构和学者也对其内涵进行了较广泛的探讨，如经济合作与发展组织、欧洲环境署、扎林（Saling）等（2002）等。在生态经济学界，一般都认为生态价值是经济活动产生的增加值与其对环境造成的破坏之比。目前，生态价值这一概念已在生态学、经济学及其交叉学科中广为传播，应用领域涉及产品、企业、行业和区域经济系统的环境绩效评价等，相关综述性文献可参见特泰卡（Tyteca）（2010），奥尔斯通（Olsthoorn）等（2001），吕彬、杨建新（2006），孙源远、武春友（2008），杨文举（2009）等。如杨文举（2011）认为，虽然生态价值改善并非一定意味着可持续性提高，但是作为一个兼顾经济效益和生态效益的综合性指标，其测度无疑具有重要意义，它不仅有利于督促经济行为人开发利用更好的生产技术，而且有利于政策的制定和执行。

作为一个衡量经济活动生态效益和经济效益的综合性指标，生态价值的影响因素及提升路径毫无疑问具有多样性，其深入研究对于改善经济活动生态价值具有重要意义，相关研究进行了广泛的探讨。如富斯勒和詹姆斯（Fussler, James）（2010）认为，企业生态价值的提升途径包括技术创新，提高产品质量、企业生命周期和环境承载力等多个方面。范伯克尔和纳拉亚纳斯瓦米（Van Berkel, Narayanaswamy）（2012）认为，不断升级操作、流程设计和技术等有助于提升企业生态价值。张炳等（2010）则从加强环境管理、提高技术水平、实行清洁生产、发展循环经济和改变生产规模等方面，探讨了企业生态效率的提升途径。庄静怡（2013）从环境政策工具、环保投资、技术创新投入和技术创新成果4个方面，对陕西省工业生态价值的影响因素及提升路径进行了经验分析，结果表明除技术创新成果之外的因素对工业生态价值都有显著影响。程远（2014）从所有制、规模效应、科技创新、外商直接投资、环境管制、行业类别6大方面，实证分析了我国地区工业企业生态价值的影响因素，并提出了相应的对策建议。

在深入贯彻落实绿色发展观的今天，我国工业不仅要努力提升经济效益，更要实现高水平的生态价值。基于前人的研究，本章拟对中国各区域的工业经济生态价值进行测度，并找到影响经济生态价值的主要现实因素，并提出相应的政策建议，以改变当先经济发展与生态建设发展不一致，甚至以牺牲生态文明为代价发展工业经济的现状。

4.2.2 指标体系构建与价值评价

生态价值评价的基本思想是衡量系统单位投入所产生的效益，通过界定系统各种生态投入和相应效益产出，经过综合比较进而最终分析资源的配置效率。依据前人做法，本书将工业生态价值定义为经济产出与生态投入的比值计算公式：

$$I_i = G_i/S_i \tag{4.1}$$

式中，I_i表示第i个评价对象的生态价值水平；G_i表示第i个评价对象的经济产出综合值；S_i表示第i个评价对象的各类生态投入的综合指标值。

区域工业生态价值的投入主要反映在工业生产过程中所付出的资源或环境代价，而产出则为行业生产产品或服务的经济价值，这里选用工业产业总值表示经济价值。投入指标包括工业环境污染指标和工业资源消耗指标，环境污染指标选择国家总量控制的两项基本指标COD排放量和SO_2排放量以及粉尘排放量、废水排放量以及固体废弃物产生量作为基本指标；资源消耗主要考虑到我国水资源问题的严重性以及我国能源消耗对全球和区域环境影响的严重性，选取了水和能源两大类资源指标，具体选择了工业用水量和工业能源终端消费量，并添加土地投入量和劳动投入量作为全部指标体系。具体的指标见表4.1。其中，土地投入量用建成区面积表示，劳动投入量用历年各省工业就业总人数表示。

表4.1 指标体系

一级指标	二级指标	单位
环境影响价值（投入指标）	废水排放总量	万吨
	化学耗氧量	万吨
	SO_2排放量	万吨
	烟粉尘排放量	万吨
	固体废弃物排放量	万吨
	用水总量	亿立方米
	能源消耗总量	万吨标准煤
	土地投入量	平方千米
	劳动投入量	万人
经济价值（产出指标）	地区生产总值	亿元

接着本书以中国大陆30个省区市2006—2015年的数据为样本来进行计算，由于中国港澳台地区以及西藏地区的数据完整度不够，因此样本中不包括这4个地区。其中，东部地区包括北京、天津、河北、辽宁、上海、江苏、浙江、福建、山东、广东以及海南共11个省区市，中部地区包括黑

龙江、吉林、山西、安徽、江西、河南、湖北以及湖南共 8 个省区市，西部地区包括四川、重庆、贵州、云南、陕西、甘肃、青海、宁夏、新疆、广西、内蒙古共 11 个省区市。

本书借鉴相关文献，采用熵值法求得指标权重，在熵值法构建的模型中，指标的权重与指标的离散程度成正比。且熵值法是一种客观赋权法，可以避免因主观因素而产生的影响。因此，本书采用熵值法确定工业生态价值投入指标体系中各指标的权重，结果见表4.2。具体步骤如下：

首先选取 30 个省区市，10 个指标，则 X_{ij} 为第 i 个区域的第 j 个指标的数值。($i=1,2\cdots,30; j=1,2,\cdots,10$) 接着对指标进行标准化处理：

$$Y_{ij} = \frac{X_{ij}}{X_{\max}} \tag{4.2}$$

式中，Y_{ij} 表示标准化数据；X_{ij} 表示原始数据；$X_{\max}$ 表示原始数据最大值。

接着计算比重 P_{ij}：

$$P_{ij} = \frac{Y_{ij}}{\sum_{i=1}^{n} Y_{ij}} \quad (i=1,\cdots,30, j=1,\cdots,10) \tag{4.3}$$

再得出熵值：

$$E_j = -\frac{1}{\ln n}\sum_{i=1}^{m} P_{ij}\ln(P_{ij})(m=1,\cdots,30, n=1,\cdots,10) \tag{4.4}$$

计算差异值：

$$D_j = 1 - E_j (j=1,\cdots,10) \tag{4.5}$$

计算权重：

$$W_j = \frac{D_j}{\sum_{i=1}^{n} D_j}(j=1,\cdots,10) \tag{4.6}$$

各省区市 i 的加权得分为

$$S_i = \sum_{i=1}^{m} W_j Y_{ij} \tag{4.7}$$

S_i 值即为各省区市的工业生态投入综合评价值，最后，计算各评价对象的生态价值，具体结果见表4.3。

表 4.2 2006—2015 区域各指标权重

指标	2006	2007	2008	2009	2010	2011	2012	2013	2014	2015
废水排放总量	0.140	0.142	0.141	0.139	0.142	0.131	0.131	0.134	0.132	0.131
COD	0.096	0.093	0.094	0.094	0.092	0.098	0.097	0.098	0.096	0.096
SO_2 排放量	0.093	0.090	0.091	0.091	0.089	0.090	0.089	0.091	0.089	0.087
烟粉尘排放量	0.116	0.111	0.104	0.103	0.094	0.113	0.117	0.115	0.121	0.122
固体废弃物产生量	0.133	0.137	0.139	0.138	0.151	0.166	0.162	0.159	0.163	0.163
用水总量	0.118	0.119	0.121	0.123	0.122	0.117	0.119	0.123	0.124	0.119
能源消耗总量	0.097	0.097	0.097	0.097	0.096	0.087	0.085	0.082	0.080	0.078
建成区面积	0.113	0.116	0.117	0.118	0.118	0.109	0.109	0.108	0.107	0.115
劳动投入	0.095	0.094	0.096	0.097	0.096	0.090	0.090	0.091	0.090	0.089

表 4.3 各区域工业生态价值

地区	2006 年	2007 年	2008 年	2009 年	2010 年	2011 年	2012 年	2013 年	2014 年	2015 年
北京	1.313	1.597	1.807	1.833	2.154	2.498	2.763	3.037	3.290	3.570
天津	1.016	1.207	1.503	1.635	1.875	2.140	2.320	2.636	2.701	2.883
河北	0.340	0.409	0.494	0.535	0.591	0.545	0.596	0.647	0.647	0.706
山西	0.182	0.238	0.316	0.335	0.410	0.405	0.435	0.455	0.423	0.428
内蒙古	0.223	0.301	0.415	0.477	0.519	0.527	0.72	0.646	0.639	0.641
辽宁	0.334	0.399	0.510	0.573	0.694	0.673	0.763	0.863	0.837	0.926
吉林	0.314	0.368	0.470	0.363	0.844	0.523	0.713	0.773	0.737	0.696
黑龙江	0.313	0.363	0.432	0.439	0.536	0.498	0.530	0.565	0.585	0.607
上海	0.929	1.806	1.234	1.329	1.473	1.862	1.991	2.120	2.389	2.618
江苏	0.562	0.680	0.814	0.902	1.058	1.193	1.324	1.419	1.509	1.658
浙江	0.707	0.844	1.006	1.034	1.221	1.364	1.494	1.596	1.705	1.834
安徽	0.288	0.359	0.418	0.463	0.574	0.625	0.693	0.766	0.812	0.853
福建	0.502	0.607	0.700	0.772	0.903	1.031	1.132	1.227	1.381	1.515

续表

地区	2006年	2007年	2008年	2009年	2010年	2011年	2012年	2013年	2014年	2015年
江西	0.262	0.316	0.393	0.430	0.532	0.582	0.651	0.700	0.759	0.806
山东	0.580	0.691	0.825	0.896	1.004	0.971	1.081	1.202	1.234	1.300
河南	0.358	0.453	0.558	0.599	0.716	0.744	0.820	0.887	0.952	1.016
湖北	0.326	0.416	0.501	0.568	0.692	0.770	0.870	0.972	1.055	1.147
湖南	0.263	0.334	0.429	0.484	0.613	0.729	0.926	0.918	1.003	1.089
广东	0.657	0.765	0.883	0.945	1.072	1.181	1.254	1.358	1.465	1.583
广西	0.172	0.220	0.272	0.307	0.396	0.585	0.634	0.711	0.755	0.847
海南	0.402	0.576	0.789	0.913	1.276	1.182	1.330	1.488	1.574	1.671
重庆	0.292	0.373	0.474	0.540	0.672	0.853	0.988	1.102	1.225	1.358
四川	0.293	0.379	0.470	0.526	0.616	0.711	0.814	0.891	0.941	1.003
贵州	0.123	0.167	0.224	0.240	0.306	0.376	0.457	0.547	0.628	0.755
云南	0.271	0.327	0.393	0.425	0.498	0.447	0.526	0.603	0.681	0.819
陕西	0.296	0.374	0.503	0.604	0.737	0.782	0.909	0.991	1.010	1.035
甘肃	0.190	0.251	0.305	0.326	0.393	0.406	0.470	0.530	0.546	0.598
青海	0.015	0.095	0.221	0.270	0.366	0.214	0.254	0.288	0.301	0.284
宁夏	0.019	0.067	0.143	0.186	0.234	0.261	0.312	0.338	0.362	0.403
新疆	0.184	0.219	0.217	0.277	0.336	0.331	0.293	0.311	0.344	0.370
东部	0.668	0.806	0.957	1.033	1.211	1.331	1.459	1.599	1.703	1.842
中部	0.289	0.362	0.445	0.486	0.595	0.631	0.709	0.773	0.814	0.862
西部	0.188	0.252	0.331	0.380	0.461	0.499	0.566	0.632	0.676	0.734
全国	0.391	0.484	0.591	0.648	0.772	0.839	0.932	1.024	1.089	1.174

由表4.3可见，整体来看我国各区域工业生态价值总体水平比较低，只有北京、天津、上海、浙江等大多数东部地区处于前沿面上，大部分中西部地区低于全国平均值，约有2/3的省份处在全国水平以下。从区域分布来看，处于前沿面的省份集中在东部地区，根据计算2006—2015年十年

工业生态价值平均值，处在全国水平以上的地区仅有9个，分别是北京、天津、上海、浙江、海南、广东、江苏、山东、福建；中西部也有少数地区在有些年份上超过全国平均值，但整体平均值无一超过。总体来看，大部分中西部地区工业生态价值在全国水平以下。

通过对各省工业生态价值评价的结果进行聚类分析，可将结果分为4类，工业生态价值水平分别为很高、较高、中等、较次。东部地区大部分属于1类、2类（辽宁、河北为3类），中部地区大部分属于3类、4类（河南、湖北为2类），西部地区大部分属于4类（重庆、陕西为2类，四川、内蒙古为3类），聚类分析也可以清晰看出区域之间的差异。因此，我国政府要把中西部地区作为全面开展工业节能减排和大力发展循环经济的重点地区，从而有效改善中西部地区工业生态价值。

本书以2008年为例，求得各省区市的投入要素冗余度，结果见表4.4。

表4.4　2008年各省区市投入要素冗余度情况

地区	效率	分类	投入冗余度（%）				
			工业能耗	工业水耗	工业COD	工业SO_2	工业CO_2
北京	1.000	1					
天津	1.000	1					
上海	1.000	1					
浙江	1.000	1					
广东	0.883	2	4.20	4.20	54.04	10.03	9.49
山东	0.825	2	20.82	20.81	50.15	34.64	25.60
江苏	0.814	2	21.61	51.11	39.89	21.61	27.51
陕西	0.503	3	22.86	22.86	77.34	75.26	25.43
福建	0.700	2	28.75	52.02	34.54	28.75	33.13
河南	0.558	3	35.25	35.25	70.37	54.63	39.04
黑龙江	0.432	4	36.69	45.78	63.54	43.38	35.96
辽宁	0.510	3	45.75	44.28	75.73	59.62	44.28
海南	0.789	2	50.67	74.69	85.41	44.43	44.43
江西	0.393	4	48.98	63.27	66.22	65.57	50.50

续表

地区	效率	分类	投入冗余度（%）				
			工业能耗	工业水耗	工业COD	工业SO_2	工业CO_2
吉林	0.470	4	52.34	52.34	85.25	52.34	54.01
安徽	0.418	4	54.65	67.53	66.38	55.92	59.33
内蒙古	0.415	4	55.31	55.31	74.53	81.83	56.24
河北	0.494	4	57.51	57.52	74.22	59.04	61.05
湖北	0.501	3	57.72	70.34	71.42	57.72	59.71
广西	0.272	4	58.53	59.59	94.26	80.80	59.10
新疆	0.217	4	60.00	58.80	90.37	78.88	58.79
湖南	0.429	4	59.79	59.79	78.21	59.79	62.74
山西	0.316	4	61.95	61.96	78.08	77.93	63.15
四川	0.470	4	65.69	63.82	80.36	68.84	63.82
云南	0.393	4	63.81	63.81	78.39	70.06	66.39
重庆	0.474	4	67.33	64.82	75.40	79.35	64.82
贵州	0.224	4	65.65	65.91	65.63	93.02	70.31
甘肃	0.305	4	67.08	67.05	75.90	81.94	67.05
青海	0.221	4	71.25	71.25	87.60	78.25	71.66
宁夏	0.143	4	76.93	76.94	96.06	90.82	77.95
全国	0.591	3	42.62	42.62	65.48	53.61	44.60

依表4.4可知，2008年，就全国而言，非前沿面地区投入要素中冗余程度较高的依次是工业COD排放量、工业SO_2排放量、工业CO_2排放量、工业水耗和工业能耗，其中工业COD排放量、工业SO_2排放量的冗余率已经超过了50%，工业CO_2排放量、工业水耗和工业能耗的冗余率也超过了40%，显然，加大对这些冗余程度较高的投入要素的减排降耗力度，能有效提高工业生态价值，为非前沿面地区工业生态价值的改进指明了方向。

北京、天津、上海和浙江处于前沿面上，是全国工业生态价值高的地区，是衡量其他地区工业生态价值水平高低的标准，这些地区充分利用那些"最佳实践技术"，即东部地区利用区域经济、工业环境技术优势实现高工业环境技术效率,即工业全要素生产率的提高主要得益于技术进步,整合工业生产的投入要素力图使得不同投入要素满足规模报酬不变,提高生产效率,使得相同资源投入下,期望产出与非期望产出组合达到最佳状态,实际产出点位于最大生产前沿,成为区域工业发展"最佳实践者"。我国各地区工业发展过程中,大多数地区处于非前沿面上,它们在减少资源投入和环境污染排放方面具有较大潜力。就浙江省和工业生态价值低的宁夏而言,如果它们以北京、天津、上海和浙江为参照面,在工业生产中能够有效采用"最佳实践技术",既能维持工业增加值不变的前提,又能成功减少资源投入以及环境污染排放,亦或者在维持资源投入不变的情况下,实现区域经济期望产出与生态环境损失的最佳状态。工业生态价值相对低的宁夏具有更大潜力去节约资源和改善环境。当然对于生态价值值远高于全国平均水平的北京、天津、上海和浙江4地区而言,处于前沿面上,但并不意味着它们不能进一步提高工业生态价值。这些地区的工业生产技术和别的省份比较是优越的,但与发达国家还有比较大的差距,仍然可以改善和提高工业资源效率和环境效率,只不过它们的潜力相对小些。

4.2.3 影响工业生态价值的因素分析

工业生态价值涉及经济-资源-环境复合系统的方方面面,经济发展水平、产业结构、环境政策、科技实力等等都会对工业生态价值产生影响,我国少数学者在区域生态价值评价的基础上分析了经济发展水平、产业结构水平、环境政策、人力资本、科技水平、地区开放水平等诸因素对区域生态价值的影响,如陈傲(2008)研究发现环保资金投入与产业结构调整对区域生态价值改善有积极影响;初善冰、黄安平(2012)研究结果表明外商直接投资对区域生态价值有显著正向影响,区域省域效率水平随着人均收入的增加一直处于改善的状态,结构变量对区域生态价值的影响显著为正;付丽娜等(2013)分析结果表明产业结构、研发强度对生态价值有显著的正向影响,技术进步则是促进生态价值增长的内在动力;李海东、王善勇(2012)经研究得出产业结构、环境政策、治污力度、地区科技水平对生态价值的改善有积极、显著的影响,经济发展速度对生态价值的提高有消极影响,地区开放水平对生态价值的改善没有显著影响。基于现有学者对区域工业生态价值影响因素的研究成果,考虑到本书对生态价值内涵评价的指标体系,本书从研发投入强度、外资利用、工业结构和环境治理4个方面研究中国区域工业生态价值的影响因素:

研发投入强度(β_1)用各地区工业企业研究试验与发展(R&D)经费支出与工业增加值的比值表示,其对区域工业生态价值的影响体现在两个方面:一是生产技术的进步带来的资源效率的提高;一是污染治理技术的进步带来的环境效率的提高。随着科技实力的上升,研发经费的增加,科技人员的积极性提高,从而促进区域技术进步,对生态价值产生两方面影响:一方面是技术的进步能从源头使用清洁能源,推动劳动手段现代化,实现清洁生产,提高资源利用率,减少污染物排放;另一方面,技术进步提高污染物治理、回收、循环利用水平,减少污染物排放,从而提高环境效率。

利用外资(β_2)以各地区中国港澳台地区及外商投资企业工业总产值占工业总产值的比例表示,外资通过产业结构效应、规模效应和技术溢出效应,影响区域资源消耗和环境质量,进而影响生态价值水平。一方面促使东道国的产业结构发生变化;一方面利用规模效应降低资源消耗;另一方面外商直接投资通过技术溢出效应,有效提升当地企业技术升级,从而使东道国以较少的资源消耗和较低环境污染生产出较高价值的产品。

工业结构(β_3)以各地区重工业总产值占工业总产值比重表示,它会影响能源消费结构。一般认为,煤炭消费比重与能源效率呈负相关关系,石油和天然气、电力消费比重的加大则有利于能源效率的提高。而工业产业对能源消费结构影响最大,而电子信息服务业主要依赖电力能源。限于我国资源禀赋特征,我国现阶段能源消费结构仍是以煤炭为主。因此为了提高能源效率应优化产业结构,增加清洁能源等新能源的投入,逐步摆脱对煤炭资源的依赖。

环境治理(β_4)是工业污染治理投资占工业增加值的比例,表示工业污染治理力度,包括环境污染治理投资总额、排污费征收数额和已颁布的地方环境法规和规章数等指标。环境政策的推行一方面通过激励技术创新提升区域工业生态价值水平，环境政策通过鼓励企业进行环境技术创新和推进环境技术市场化，促进企业在降低资源消耗和消减污染的同时，降低生产成本，提高市场竞争力，最终实现经济和资源环境的双赢；另一方面，环境政策通过建立完善的社会监督体系提升区域生态效率，由于污染治理投入大，运行费用高，污染治理的经济效益低下甚至无经济效益，通过完善的监督体系才能使企业进行污染治理环境政策通过创新激励效应和环保意识效应作用于经济-资源环境系统，通过环境政策推动经济增长，促进技术创新，加强社会监督，提高环保意识，实现经济效益和资源环境的"双赢"，从而实现生态效率提高的目标。

依据上述理论分析，本书构建如下多元回归计量模型：

$$Y = \beta_0 + \beta_1 \text{TECH} + \beta_2 \text{CAPITAL} + \beta_3 \text{STRUCTURE} + \beta_4 \text{ENVIRONMENT} + \varepsilon \tag{4.8}$$

式中，Y 表示因变量，即被解释变量；β_1、β_2、β_3、β_4 为待估参数；β_0 表示截距项；ε 表示随机干扰项。TECH 代表研发投入强度，以各地区工业企业研究试验与发展（R&D）经费支出与工业增加值的比值表示；CAPITAL 代表外资利用的情况，用各地区中国港澳台地区及外商投资企业工业总产值占工业总产值的比例表示；STRUCTURE 代表工业结构，用各地区重工业总产值占工业总产值比重表示；ENVIRONMENT 代表环境治理，用工业污染治理投资占工业增加值的比例，即工业污染治理力度表示。此处数据主要来源于《中国统计年鉴》《中国城市统计年鉴》《中国环境统计年鉴》《中国能源统计年鉴》、商务部网站、各省区市历年统计年鉴、国家统计局官网、各省区市统计局官网；具体计算之前，需要对所有指标进行无量纲标准化处理，同样采用相对化处理方法对数据进行消除量纲影响的处理，即：先对评价指标确定一个标准值，然后计算各指标值，同时在计算时考虑"正指标"和"负指标"的区别对待，所谓正指标是指实际值越大表现就越好的指标，在本书，如研发投入的强度、外资利用、环境治理；但也有一些指标实际值越小越好的指标，如工业结构。

采用 SPSS19.0 软件对回归模型进行估计，估计结果见表 4.5：

表 4.5 回归结果

变量	系数
β_0（截距项）	0.1942 ***
β_1（研发投入）	0.1400 ***
β_2（外资利用）	0.0050 **
β_3（工业结构）	-0.0005 *
β_4（环境治理）	0.1567 *

***、** 和 * 分别表示在 1%、5% 和 10% 的水平上显著。

由表 4.5 可知，工业企业自主研发投入对工业生态价值的提高起到积极作用，研发经费支出每增加一个百分点，工业生态价值提高 0.14 个百分点。科技进步可以缓解资源的稀缺性程度，一方面，科技进步可以提高资源的利用效率，从而使最大可能的产量组合尽可能向生产可能性边界靠近。另一方面，科技进步可以使未预见利用价值的自然物成为现实的宝贵资源，同样的资源投入，就可以使生产可能性从原有的低利用率提高到较高的位置。科技进步使等量资源投入产出更多的产品组合，这为人类突破资源供给的限制带来了希望，从而使生产可能性边界向外扩张，不仅可以增加企业的核心竞争力，而且可以增强企业自身引进吸收先进技术的能力，使企业可以以较少的资源和环境代价获得更大的价值，是促进工业生态价值提高的主要因素。

此外，伴随着我国经济的不断发展及其规模的不断扩大，我国已成为利用外资最多的发展中国家，外资促进了我国资本的形成，外资企业的工业总产值占我国工业总产值的近三分之一，其出口占我国总出口的一半还多，并为我国制造业提供了近三分之一的就业机会。从国际经济与贸易的宏观视觉来看，可以说，外资带来的技术虽然不是最先进的，但是和中国的比较优势相一致的适度技术，更易通过市场竞争、人员流动和媒体传播扩散到其他国内企业。全球化大的背景下，外商直接投资发挥其所带来的先进技术和管理经验，形成正的外溢效应，推动着当地企业运营效率的提高、产业结构的优化和经济的发展。外资的利用有利于提高工业生态价值，并且系数检验显著，利用外资每增加一个百分点，工业生态价值提高 0.005 个百分点，我国各地区通过国际贸易和引进外资，吸收利用先进国家的技术、设备和管理等，对促进本地区技术进步起到了积极作用。

重工业的发展对工业生态价值的提高是不利的，但并不显著，可能在中国地区之间重工业发展对工业生态价值影响不大，例如，依资料显示：2008 年工业生态价值高的北京重工业的比重达到 83.9%，而工业生态价值低的宁夏重工业的比重为 84.2%，就可以很好地看出重工业的比重对工业生态价值影响不显著。

工业环境污染治理与工业生态价值呈弱的正相关关系，工业污染治理可以有效减少工业污染排放，在过去一段时期内缓解了工业环境污染的压力，但是对提高工业生态价值方面的效果不是十分显著，工业生态价值的提高更要注重工业企业的清洁生产和节能减排，而不是末端治理，提高工业企业的资源产出率是今后努力的方向。

4.3 中国工业绿色效率与区域产业转移

近年来我国东部地区的土地、劳动力等生产要素价格日益攀升，导致工业企业成本剧增，竞争压力加大，同时，随着国家"中部崛起""西部大开放"等区域战略的大力推进，我国东部地区大量工业企业逐步加快向中西部地区转移的步伐。据统计，近十年我国中西部地区工业产值占比已经基本赶超了东部地区，尤为明显的是北京、上海等东部区域，工业比重已跌落至 10% 左右，进入了后工业化发展阶段。统计数据也显示，就各省实际利用境内省外资金和各省全社会固定资产投资两个指标而言，中西部地区近十多年的年均增长速度均高于全国平均水平。由此可见，我国区域产业转移十分活跃。但是，区域产业转移不仅会给承接地区带来技术和设备，也会带来能源过度消耗和环境急剧污染等负面影响。

面临日益加剧的经济增长与环境质量矛盾，党的十九大报告提出要加快生态文明体制改革,建设人与自然和谐共生的"美丽中国"。绿色经济概念强调经济发展和环境保护的协调统一,是实现美丽国家与城市的重要手段,向绿色经济转型已成为全球共识。我国工业是所有行业中污染排放最多的行业,以往主要布局在东部发达地区,现在逐渐开始向中西部地区转移,在这一过程中,中西部地区工业能源消耗明显增加,而工业导致的废气、废水、固废等环境问题也随之有所转移。在此背景下,我国各地区工业的增长是否是绿色的呢?我国工业产业的区域转移是加剧了各地工业绿色效率的差异,还是产生了趋同的积极影响?除了产业转移,还有哪些因素对于这样的空间关系演变起着决定作用?本部分试图回答这些问题,以期对未来我国工业在区域间均衡、可持续的发展提供相应的理论参考和实践指导。

4.3.1 文献回顾

工业是一国能源消耗和污染排放的主要行业,在全球绿色浪潮的大背景下,工业的绿色增长受到大量国内外学者的关注,一般用绿色全要素生产率来判断增长的绿色与否,也就是绿色效率,国外如钟等(1997)、库马(Kumar)(2006),吴和赫希马蒂(2010),冯和塞勒提斯(Feng, Serletis)(2014)等,运用方向性距离函数、Malmquist(M)指数、Malmquist – Luenberger(ML)指数等方法来测算一国的绿色效率,借助国外的研究方法,国内众多学者(董敏杰等,2012;李斌等,2013;查建平等,2014;林伯强、刘泓汛,2015;原毅军、谢荣辉,2015;原毅军、谢荣辉,2016;庞加兰,2016)开始研究中国尤其是中国工业的绿色效率,研究主要集中于运用各种研究方法测算我国工业绿色效率的水平,并分析其各种影响因素,影响因素包括对外贸易、所有制结构、能源结构、城市规模、技术研发、经济水平、市场化水平、财政投入、环境规制等,由于所选取的时间段不同、研究方法也有差异,导致各影响因素的影响力度和方向并不完全一致。此外,还有部分学者更关注中国不同区域工业绿色效率的空间差异问题,如李玲等(2013)、张子龙等(2015)、颜洪平(2016)等,大多将中国分为东中西三个地区来考察,地区存在绿色效率异质性是大家共同的结论,但是否存在东、中、西地区梯度排序以及是否在逐渐缩小地区差距,并未能达成一致的结论,并且,各研究虽然考察的是空间关系,却并没有运用空间经济学的理论来进行深入研究。

区域产业转移无疑也是影响我国区域工业绿色效率空间差异的一个关键因素,遗憾的是目前为止还没有学者专门就此展开研究。但产业转移带来的环境问题已受到国内外很多学者的关注,如梅尔尼克和戈尔登贝格(Mielnik,Goldemberg)(2002)就曾提出产业转移会给承接地带来环境污染,凯德和祖格拉(Kheder,Zugravu)(2012)通过构建经济地理模型也发现部分国家在接受外国直接投资时沦为了"污染避难所"。王文晋(2015)认为随着产业转移的加快,我国各区域工业污染空间格局在发生改变。刘满凤等(2017)也证明了由区际产业转移带来的污染溢出比较显著。由此可见,产业的区域转移的确带来了污染的转移,这对于工业的绿色效率变化将会产生重要的影响。

总体而言,已有文献在对工业绿色效率的测度方面已臻于成熟,但鉴于时间段的差异和具体测度方法的不同导致结果并不完全趋同,尤其对于绿色效率的影响因素持有争议,也还没有文献专门从产业转移视角来探索工业绿色效率的变动原因;此外,虽然有部分学者考察了空间差异,但没有运用空间经济学的方法,只有龙如银等(2017)运用了空间模型,但其考察的对象仅仅包含了能源效率。因此,本书试图运用空间计量模型,从产业转移的视角来研究中国工业绿色效率的时空演变,以期为中国未来工业可持续的、均衡的增长提供政策建议。

4.3.2　工业绿色效率水平测度:基于 SBM – undesirable 模型

(1)研究方法:SBM – undesirable 模型

工业绿色效率是考虑了资源和环境约束下的工业投入产出经济效率,大多考察投入产出效率的研究选择采用数据包络分析法——DEA(Data Envelopment Analysis),然而,传统的 DEA 模型假设并没有考虑到实际生产过程的非期望产出问题,如工业生产所排放的废水、废气、固废等。为了处理非期望产出,学者们提出了多种构想,如海卢和韦曼(Hailu,

Veeman)（2001）将非期望产出最小化，视作投入变量，但其与现实生产过程却不相符。塞福德和朱（Seiford, Zhu）（2002）将非期望产出乘以 -1，但这种方法只能在可变规模报酬的前提下进行计算。

根据本书研究内容，工业绿色效率包含期望产出和非期望产出，因此本书首先构建一个包括投入项、期望产出项、非期望产出项的生产可能性集合。假定生产决策系统中有 n 个决策单元（DMU），有 m 种要素投入和 s 种产出，但是，s 种产出中有 s_1 种产出为期望产出，s_2 种非期望产出，对应的向量分别为 $x \in R_m$、$y^g \in R_{s_1}$、$y^b \in R_{s_2}$，定义矩阵 $X = (x_{ij}) \in R_{m \cdot n}$，$Y^g = (y^g_{ij}) \in R_{s_1 \times n}$，$Y^b = (y^b_{ij}) \in R_{s_2 \times n}$，假定 $X > 0$，$Y^g > 0$，$Y^b > 0$，且生产可能性集合为封闭集合与有界集合，投入及产出可自由处置，同时假设期望产出与非期望产出为零结合及产出联合弱可处置性，模型表达为

$$G = \{(x, y^g, y^b) \mid x \geq X\lambda, y^g \leq Y^g\lambda, y^b = Y^b\lambda, \sum_{i=1}^{n}\lambda, \lambda \geq 0\} \quad (4.9)$$

式（4.9）即为包含投入、期望产出、非期望产出的不等式预算约束模型，当 $\sum_o^n \lambda \neq 1$ 时，该模型为规模报酬不变，当 $\sum_o^n \lambda = 1$ 时，该模型为规模报酬可变。然后，本书依据 Tone（2001；2004）提出的 SBM 模型，构造某特定 DUM 的线性规划方程：

$$\min \rho = \left(1 - \frac{1}{m}\sum_{i=1}^{m} s_i^- / x_{i0}\right) / \left(1 + \frac{1}{n}\sum_{r=1}^{s} s_r^+ / y_{r0}\right) \quad (4.10)$$

其约束条件为 $x_0 = X\lambda + s^-$，$y = Y\lambda - s^+$，$\lambda \geq 0$，$s^+ \geq 0$，$s^- \geq 0$，式（4.10）中 x，y 的下标为 0，表示带该 DUM 时特定的，λ 为权重，s 表示松弛变量，s^- 表示投入松弛变量，s^+ 表示产出松弛变量，ρ 为效率值，取值范围 0~1 之间。

最后，在式（4.10）中通过拆分 y_0 引入非期望产出，即对某特定 DMU 有：$x_0 = X\lambda + s^-$，$y_0^g = Y^g\lambda - s^{g+}$，$y_0^b = Y^b\lambda + s^{b+}$，式（4.10）则变为

$$\min \rho^* = \left(1 - \frac{1}{m}\sum_{i=1}^{m} s_i^- / x_{i0}\right) / \left[1 + \frac{1}{s_1 + s_2}\left(\sum_{r=1}^{s_1} s_r^{g+} / y_{r0}^g + \sum_{r=1}^{s_2} s_r^{b+} / y_{r0}^b\right)\right]$$

$$(4.11)$$

式中，$\lambda \geq 0$，$s^- \geq 0$，$s^{g+} \geq 0$，$s^{b+} \geq 0$；λ 表示权重；s^- 表示投入松弛变量；s^{g+} 表示期望产出松弛变量；s^{b+} 表示非期望产出松弛变量；ρ^* 为考虑了非期望产出时各 DUM 的生产效率。可以看出，式（4.11）的线性规划模型将投入、期望产出、非期望产出同时纳入了目标函数，很好地解决了传统 DEA 所面临的问题。

（2）指标选取与数据处理

为了更好地反映各区域产业转移变迁方向，本书根据1986年我国颁布的"七五"规划对区域的划分，将我国分为东、中、西三大区域，东部地区包括北京、天津等11个省区市；中部地区包括山西、内蒙古等10个省区市；西部地区包括重庆、四川等10个省区市（西藏由于部分年份数据缺失，本书暂不考虑）。分析时间段为2006—2015年。

①投入指标的选取

工业资本投入。部分文献用资本存量来表征资本投入，但资本存量需要估算，在估算的过程中由于需要主观决定折旧率，加上各基年的初始资本量不同，最终估算结果反而差异较大，因此为尽可能减少数据估算环节所带来的偏差，本书沿用涂正革（2008）和李斌等（2013）的做法，根据《中国统计年鉴》《中国工业经济统计年鉴》，采用年鉴中规模以上工业企业的固定资产净值来衡量资本投入。

工业劳动投入。借鉴多数学者的做法，采用《中国统计年鉴》中工业从业人员人数来衡量劳动投入。

工业能源投入。包括各省区市工业消耗的煤炭、石油、天然气三大种类传统能源，《中国能源统计年鉴》以及各省的统计年鉴给出了实物值，本书按照系数折算为标煤值。

工业污染治理投入。具体包括污染治理项目的投资总额与废水、废气治理设施各自运行的费用，数据来源于《中国环境统计年鉴》。李静、倪冬雪（2015）认为，考虑治理阶段的投入，相较于传统仅考虑生产投入的方法能够更加精准的反映我国工业绿色效率。对于已经造成重大污染的项目，政府也投入了大量的财力物力进行治理，我国对于环境污染源治理的投资在逐年增加，已经变成一个不可忽视的投入要素。

②产出指标的选取

期望产出。现有文献多用工业总产值来表示工业期望产出，但由于从 2013 年开始，《中国工业经济统计年鉴》改名为《中国工业统计年鉴》，不再公布工业总产值的数据，学者纷纷使用一些替代指标来表示，本书借鉴王俊岭、赵瑞芬（2016）的做法，采用规模以上工业企业利税总额这一指标来表征工业的期望产出。

非期望产出。从四个方面衡量工业非期望产出：工业 CO_2、工业废水、工业废气和工业固体废弃物的排放量。根据《中国环境统计年鉴》可直接获得后三个指标。现有文献大多仅采用一种或其中几种污染物的排放量指标，未能全面度量工业生产带来的各种环境污染，尤其由于工业 CO_2 排放量指标需要估算，不少学者并没有考虑这一指标。本书则基于《中国能源统计年鉴》的统计数据，通过工业生产在消耗煤炭、石油和天然气三种化石能源中燃烧所排放的 CO_2 来近似估算，具体估算参照呙小明、黄森（2017）的做法。

为了更好地去除价格变动影响，以上指标涉及价格的均以 2005 年为基期进行了不变价格处理。

（3）结果分析

利用 Max dea7.0 pro 软件，可以得出测算结果见表 4.6：

表 4.6 中国工业区域绿色效率：SBM – undesirable 模型测算结果

地区	2006 年	2007 年	2008 年	2009 年	2010 年	2011 年	2012 年	2013 年	2014 年	2015 年	均值
东部	0.71	0.85	0.85	0.84	0.78	0.76	0.67	0.68	0.60	0.65	0.74
中部	0.46	0.66	0.65	0.67	0.58	0.63	0.66	0.48	0.45	0.34	0.56
西部	0.54	0.60	0.55	0.47	0.47	0.49	0.25	0.34	0.34	0.32	0.46

测算结果显示，若考虑非期望产出，2006—2015 年中国工业综合绿色效率的平均值仅为 0.58，远未达到有效水平值。这意味着中国的高速工业化发展仍属于粗放型，代价是高能耗高污染，工业发展对于环境并没能起到正面的作用，存在着较大的能源资源浪费和不利于社会可持续发展的弊端。而从分区域的测算结果来看，区域间工业绿色效率差异较大，由高到

低排列依次为东部、中部、西部，这与与大部分已有研究结果一致。十年间，东部地区工业绿色效率变动趋势是略有下降，但最近几年呈上升趋势，而中西部地区的工业绿色效率则呈明显持续下降趋势，尤其是西部地区，不仅各年水平均处于最低，且一直呈减少态势，形势不容乐观。

进一步分析各个区域内部省区市的情况，发现各区域内省际差异也较大。东部地区工业绿色效率水平表现较好的是北京、天津、江苏、上海等地，效率值均高于0.9，甚至达到了1，但是部分省区市如河北、辽宁、浙江等又表现过弱，效率值在0.5左右波动，拉低了东部地区的均值；中部地区效率均值为0.56，多数省区市在0.5到0.6左右波动，但广西、山西两地却远低于均值，在0.3左右波动，尤其是山西，近两年绿色效率下降的特别厉害，到0.1左右，这可能是因为山西作为能源重工省份，长久以来的支柱行业都以高能耗、高污染、高排放为明显特征，如煤炭、冶金、电力和化工等行业，对山西能源资源和环境都造成负面的压力，亟待引起重视，开始转型。西部地区工业绿色效率水平较落后的省区市主要是云南、贵州、甘肃和宁夏等地，其中宁夏的情况最差，该省经济是一个倚重倚能的结构，资源开发和能源工业在全区工业结构中的比重很大，图4.2描述了各省区市历年的工业绿色效率均值水平。

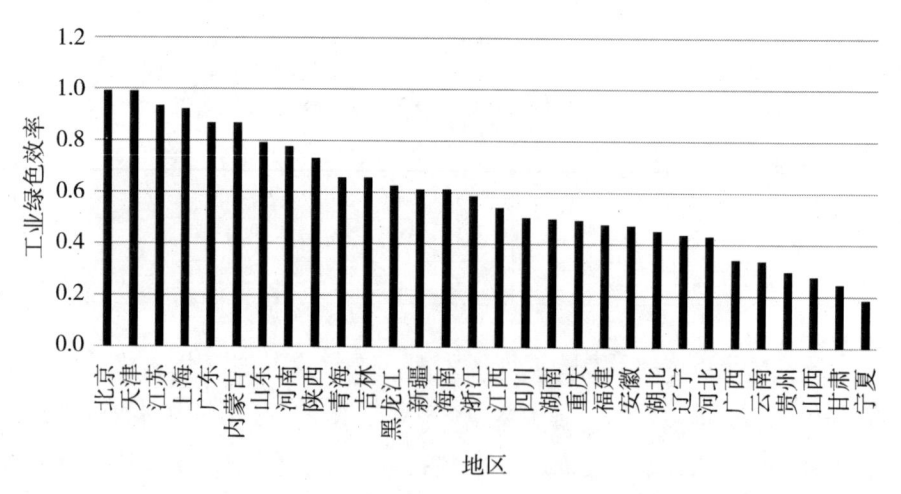

图 4.2 2006—2015 年中国各地工业绿色综合效率均值排序图

4.3.3 区域产业转移对工业绿色效率的影响研究

纵观改革开放以来中国区域经济发展进程，可以看到一条比较清晰的自东而西、自南而北的梯度产业转移路线。这样的产业转移是否为中西部地区带来了更高的综合绩效表现呢？前文分析表明，中国中西部地区的工业绿色效率下降趋势较为明显，这样的结论不得不令我们思考：中国工业的区域转移为不同区域的工业绿色效率带来了什么影响？

（1）空间特性分析

首先要判断各区域主体之间是否存在显著空间相关性，一般可通过测算 Moran's I 指数进行检验：

$$\text{Moran's I} = \frac{\sum_{i=1}^{n}\sum_{j=1}^{n}W_{ij}(x_i-\bar{x})(x_j-\bar{x})}{\sum_{i=1}^{n}\sum_{j=1}^{n}W_{ij} \cdot \sum_{i=1}^{n}(x_i-\bar{x})^2/n} \quad \text{Moran's I} \in [-1,+1] \tag{4.12}$$

式中，W_{ij} 表示二元空间权值矩阵中的任意元素值；n 表示研究对象总数，本书 $n=30$；x_i，x_j 分别表示区域 i 和区域 j 之间工业绿色效率值。Moran's I 的值越接近于 +1，表明在考察期内中国工业发展使得各省区市工业绿色效率存在着正的空间集聚性。

表 4.7 2006—2015 年中国工业绿色效率 Moran's I 值表

年份	2006	2007	2008	2009	2010	2011	2012	2013	2014	2015
M 值	0.144**	0.266**	0.233**	0.322*	0.354**	0.393**	0.399*	0.350**	0.460**	0.385**

***、** 和 * 分别代表在 1%、5% 和 10% 的水平下显著。

由表 4.7 可知，2006—2015 年间中国 30 个省区市的工业绿色效率具有显著的空间相关性并逐渐增强。为了进一步检验当前哪些地区绿色效率已形成了稳固的空间分布模式，接下来采用安塞林（Anselin）（1995）提出的空间局域 LISA 指数来进行分析，如式（4.13）所示：

$$L_i = f(x_i, \{x_i\}), \sum_i L_i = \gamma \Lambda \tag{4.13}$$

式中，x_i 表示 i 省区市的工业绿色效率值；Λ 表示空间相关全局指标；γ 表示比例因子。利用 $Geoda$0.95i 软件可知（地图略），当前中国各省域绿色效率空间集群主要有 LH 集群和 LL 集群两类，部分年份还出现了 HH 集群和 HL 集群。LH 集群主要集中于河北等中国北部偏东地区，而且随着时间推移该集群还在逐渐的扩大，具体从 2006 年的河北，扩展到 2015 年的河北、安徽、黑龙江；LL 集群有从中国西南的四川、云南、贵州等地向西北新疆、青海转移的趋势，但是基本稳定在中国的西部地区。其余省份虽然存在绿色效率数值上的接近，但并未能够通过 LISA 指数的显著性检验，因此没有表现出稳固的空间集聚特性。总体而言，中国部分省域之间已然形成了稳固的空间集群，集群特征水平整体表现为"东优西劣"的态势，东部空间集群因有绿色效率较高的区域包围从而有利于内部工业绿色效率的提升，西部地区形成空间劣等集群则会对内部工业绿色效率提升形成阻碍效应。

（2）空间计量建模

前文研究表明，2006—2015 年中国各省域绿色效率在地理区位上存在显著的空间集聚特性，因此有必要采用空间计量模型来进行相关影响因素分析，模型选取产业转移作为自变量，另外 2 个指标作为控制变量解释区域工业绿色效率的变化。

首先，自变量产业转移（Tran）需要测度。在已有文献中，测度区域产业转移的指标很多，并不统一。关爱萍、曹亚南（2016）采用产业增加值相对比重，靳卫东等（2016）采用基尼系数，龙如银等（2017）利用产业竞争力系数指标。本书采用各省的固定资产投资转移指数（FAI）来衡量产业转移：

$$\text{FAI}_t = (\text{FAI}_{ijt} - \text{FAI}_{ijt-1})/\text{FAI}_{ijt-1} - (\text{FAI}_{jt} - \text{FAI}_{jt-1})/\text{FAI}_{jt-1} \quad (4.14)$$

式中，FAI_{ijt} 和 FAI_{ijt-1} 分别表示 i 省份第 j 行业在 t 和 $t-1$ 时期的内资固定资产投资额；FAI_{jt} 和 FAI_{jt-1} 表示全国第 j 行业在 t 和 $t-1$ 时期的内资固定资产投资额；$(\text{FAI}_{ijt} - \text{FAI}_{ijt-1})/\text{FAI}_{ijt-1}$ 表示 i 省份第 j 行业在 t 时期的内资固定资产投资增速；$(\text{FAI}_{jt} - \text{FAI}_{jt-1})/\text{FAI}_{jt-1}$ 表示全国第 j 行业在 t 时

期的内资固定资产投资增速；FAI_t 表示两者差值，若 FAI_t 大于 0，表明在 t 时期 i 省份的第 j 行业的内资固定资产投资增速高于全国水平，即承接了国内其他地区 j 产业的转移，否则表明该省份在该时期向省外转移了 j 产业。

环境规制（G）作为控制变量是指政府在市场失灵时，通过发布相关环境政策、投入相关费用治理污染、甚至对企业采取一些强制性措施来实现经济的绿色可持续发展。"波特假说"认为政府能够通过设置环境规制激励相关企业行动，譬如企业更有动力去开展绿色技术创新，从而有利于同时提升企业的竞争力和改善企业的绿色绩效；但反对者认为，政府设置环境规制措施，反而会增加企业的生产成本，不利于企业提高竞争力。环境规制将会对中国工业发展带来更大的压力，还是成为绿色转型的重要驱动力？在学术领域，学者们对环境规制的衡量有所争议，主要原因是政府干预模式并不固定且规制工具呈现多样性。如查建平等（2014），原毅军、谢荣辉（2015，2016）等采用了工业废水废气等工业领域各类污染物排放的达标程度来表征环境规制，而张成等（2011）等则选择使用工业污染治理项目投资占比、地方政府环保支出占比等费用支出程度来表征环境规制。本书沿袭后者的做法，采用政府对于工业发展的环境治理投入占比来代表该地区的环境规制。

技术水平（Tech）也是重要的影响因素。技术进步，尤其是绿色技术的创新发展，能够大力推动工业绿色效率的提高，由于绿色技术本身难以定量衡度，本书采用大多数研究者的做法，用行业整体技术水平近似替代行业的绿色技术水平，由于技术水平的进步主要来源于科技研发，因此本书选取规模以上工业企业 R&D 经费内部支出与主营业务收入之比来衡量技术水平。

为了更好地去除价格变动影响，以上 3 个指标涉及价格的均以 2005 年为基期进行了不变价格处理。数据分别来自于历年《中国统计年鉴》《环境统计年鉴》《中国科技统计年鉴》《中国工业经济统计年鉴》等。

基于上述指标，本书构造下述空间计量模型：

$$E_i = C_i + \beta_1 \text{Tran}_i + \beta_2 G_i + \beta_3 \text{Tech}_i + \rho W E_i + \varepsilon_i \quad (4.15)$$

$$E_i = C_i + \beta_1 \text{Tran}_i + \beta_2 G_i + \beta_3 \text{Tech}_i + (I - \lambda W)^{-1} \mu \quad (4.16)$$

式（4.15）为空间滞后模型（SLM），式（4.16）为空间误差模型（SEM）。式中 ρ、λ、W 分别表示空间滞后项、空间误差项与空间权值矩阵，其中下标 i 代表省份。

下一步进行"常规拉格朗日-强拉格朗日"双重检验，以明确从产业转移视角分析中国工业绿色效率影响因素时，SLM 模型与 SEM 模型哪一个更适用。

$$\text{LMERR} = [e'We/(e'e/N)]^2 / [tr(W^2 + W'W)] \quad (4.17)$$

$$\text{LMLAG} = [e'Wy/(e'e/N)]^2 / D \quad (4.18)$$

式中，e 表示线性回归残差项；N 表示集群样本总数；tr 表示矩阵迹算子；W 同上文定义。$D = [(WX\beta)'M(WX\beta)/\sigma^2] + tr(W^2 + W'W)$，$WX\beta$ 是 $X\beta$ 预测值的空间滞后，$M = I - X(X'X)^{-1}X'$。计算结果如表 4.8 所示：

表 4.8　拉格朗日乘子检验结果（2015）

TEST	MI/DF	VALUE
LMLAG	1	2.2466
R-LMLAG	1	4.4320
LMERR	1	1.0032
R-LMERR	1	2.1886

注：限于篇幅限制这里只列出 2015 年检验结果。

由表 4.8 可知，LMLAG，R-LMLAG 的统计值均大于 LMERR，R-LMERR，且都通过 10% 显著性检验，这表明运用空间滞后模型 SLM 更为合理。

（3）实证结果分析

表 4.9　2006—2015 年 SLM 计量结果

变量	2006 年	2008 年	2010 年	2012 年	2013 年	2014 年	2015 年
空间滞后项	-0.1919*	-0.2127*	-0.2171**	-0.1589**	-0.2289*	-0.3746**	-0.3078*

续表

变量	2006年	2008年	2010年	2012年	2013年	2014年	2015年
常数项	-1.2769*	-0.9663*	-0.8157**	-1.0124**	-0.2758*	-0.2415**	-0.2573*
Tran	-1.5521*	-0.6234*	-0.8511**	-1.7864**	-1.6933*	-0.6510**	-0.4752*
G	-0.2867*	-0.1308*	-0.1627**	-0.1691*	-0.0341	-0.0864**	-0.1111*
Tech	0.2397	-0.1617*	-0.0985*	0.1287	0.3342**	0.3334*	0.3372**
R^2	61.21%	43.62%	50.29%	46.30%	53.55%	41.26%	68.04%
对数似然函数值	20.5948	30.3234	39.8107	47.0682	19.4720	32.7244	29.1341

***、**和*分别代表在1%、5%和10%的水平下显著,限于篇幅,表中仅列出部分年份结果。

表4.9的结果显示,2006—2015年中国工业绿色效率影响因素空间滞后模型的空间滞后项均显著,模型拟合优度R^2在40%~70%之间波动,Log-likelihood数值在19~47范围之内波动,都较为合理。

根据自变量的回归结果看,产业转移指标(Tran)整体显著水平较高,但对工业绿色效率有着负面影响。可见,一直以来大部分承接其他地区产业转移的省区市虽然抓住机遇提高了经济产值,解决了就业,但是同样也因未充分重视所承接产业对于本区域环境能源等因素的影响,所定产业准入门槛较低,特别是部分中西部地区城市盲目抢项目,视GDP为唯一考虑目标,承接了部分高耗能、高排放工业产业,导致承接产业之后反而降低了本地工业的绿色发展效率。据统计,过去十年中西部地区煤炭、钢铁、有色金属、化学、造纸等产业产值分别增长5~20倍不等,伴随产值增长的是中西部地区能源消耗的增长和工业废水、废气以及固废的排放,其增长速度超过产值增速。幸而近两年,在国家强调绿色增长的大背景下,中西部地区更加重视产业转移的质量,因而此处根据近两年的数据得出了产业转移对工业绿色效率的积极影响。

从控制变量回归结果看,政府环境规制(G)指标整体显著水平较好,大部分年份均通过显著性检验,但表现出对绿色效率的反向影响。这表明,近年来中国地方政府通过增加财政投入加大对生态环境保护的治理力度，对于各地工业的绿色效率并没有起到积极作用。可能的原因是政府的治理投入属于一种投资型的环境规制，不属于惩罚型的，分担了企业的治污压力，降低了企业重视环境保护的积极性，加上环境污染治理项目本身盈利能力不高，企业更缺乏意愿进入。还有可能的是，我国环境保护还处于发展初期，还需要大量的人力设备投入，更是缺乏先进的环保技术，政府只是单纯通过财政支出增加设备购置等，反而挤占了可能用于研发的资源，不利于激励工业绿色技术研发，未能改善工业绿色效率。技术进步指标（Tech）与期望一致，该因素在考察期间6年都通过了显著性检验，且主要为正向促进作用。这表明各地区工业企业对于技术研发的投入越多，技术进步的越快，其绿色效率也就越高。技术研发的重要性可见一斑。虽然技术研发不一定单指绿色技术，但是技术之间具备连通性、溢出性，传统的技术经过改造也可以升级为绿色技术，尤其针对部分高耗能强污染的行业，加大技术研发的投入，能够更好的达到全行业节能降耗减排的效果。

4.4 本章小结

本章首先基于2006—2015年中国省际数据，对中国各省工业生态价值指标分析及冗余度测算，进而对各省生态价值进行分析，研究结果表明，中国区域工业生态价值总体水平比较低，约2/3省份处在全国水平以下，但区域工业生态价值正逐年好转。我国工业生态价值高省份是北京、天津、上海和浙江，处在全国水平以上的大部分是东部省份，省际之间的工业生态价值差距很大。通过分析，可以看到东部、中部和西部之间的工业生态价值差异显著。大多数省份处于非前沿面上，它们在减少资源投入和环境污染排放方面具有较大潜力。进而本书利用多元回归模型分析工业生态价值的影响因素，模型结果显示，工业企业的研发投入、利用外资都是提高工业生态价值的重要因素，工业污染治理与工业生态价值呈弱显著正相关，而重工业比重与工业生态价值呈不显著负相关。工业企业提高自主研发和创新能力是提高工业企业生态价值的核心，工业行业整体的技术进步能够提高资源产出率，并且从源头遏制环境污染排放，而加大对清洁能源应用的补贴与奖励，全面开展清洁生产和节能减排，大力发展循环经济仍是政府今后的工作重点。

接着，本章利用2006—2015年我国工业省际面板数据，基于SBM-undesirable模型，测算了考虑多种投入和非期望产出的工业绿色效率，并利用空间局域LISA指数和空间滞后计量模型进一步实证考察了我国各地工业绿色效率的空间布局以及产业转移和相关控制变量对工业绿色效率的影响，得出了如下研究结论：第一，尽管东部部分省区市的绿色效率达到了1的高水平值，但就整体平均水平而言，中国工业发展并没有达到绿色有效的水平，且总体呈波动中下降的趋势；第二，分区域来看，区域间工业绿色效率差异较大，水平由高到低排列依次为东部、中部、西部，近十年，东部地区工业绿色效率变化趋势为稳中略有下降，而中部地区和西部地区整体呈明显持续下降趋势，尤其是西部地区，不仅各年水平均处于最低，且一直呈减少态势，不容乐观；第三，中国部分省区市之间已形成了稳固的空间集群，表现出"东优西劣"的空间集聚特征；第四，中国的工业产业区域转移对工业绿色效率并没有起到积极的作用，政府通过治理污染的投入来规制环境也未能带动工业绿色效率的提高，但技术进步，尤其是绿色技术的研发对于工业绿色效率能够起到正面的影响。

5 中国第三产业绿色效率与影响因素分析

5.1 中国第三产业经济发展与环境

第三产业亦称服务业,其发展水平是衡量生产社会化程度和市场经济发展水平的重要标志,而积极发展第三产业又是促进市场经济发育、优化社会资源(包括自然资源、资金和劳动力)配置、提高国民经济整体效益和效率的重要途径。

中国第三产业发展现状显示,中国第三产业正呈现出强劲的发展势头。图 5.1 显示,从 2001 年到 2017 年,第三产业总产值增长近 10 倍。显

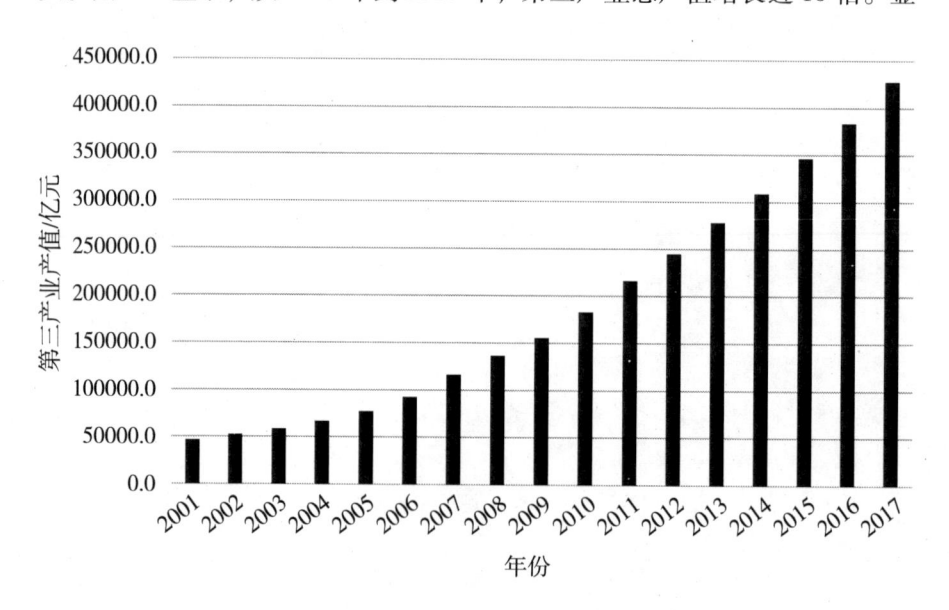

图 5.1 2001—2017 年我国第三产业发展趋势图

然，第三产业已成为我国经济增长的重要方面。2001 年，第三产业产值仅为 45700 亿人民币，但 2006 年后，第三产业已进入一个新的发展时期，在 GDP 总值中占更高的比重，并在十年内持续增加。2017 年，第三产业产值 427031 亿元。目前，中国第三产业总产值占 GDP 总量已经超过 50%，而且随着我国产业结构的进一步调整，第三产业 GDP 占比仍呈现上升趋势。

需要注意的是，在我国第三产业迅速发展，为国家创造大量财富的同时，也带来了相应的环境污染问题。第三产业导致的环境污染主要包括：白色污染、噪音污染、大气污染、光污染等，近年来旅游业蓬勃发展，已然成为当今经济发展的主导产业之一。然而，由于对旅游业发展与环境关系认识的不足和法制的不健全，出现了越来越多的环境污染现象。有些开发者在缺乏充分调查和论证条件下大量营建度假村、花园小区等，不仅挤占了宝贵的绿地及肥沃的农耕地，同时往往造成植被破坏及不可再生资源的衰退和灭亡，破坏了自然景观。在习近平主席提出"绿水青山就是金山银山""建设生态文明是关系人民福祉、关系民族未来的大计"的当下，涉及中国第三产业经济发展与环境保护之间关系的问题，更加值得我们深思。因此，本章将以我国旅游业为例，探讨旅游业绿色效率的区域差异和各项影响因素。

5.2 旅游业绿色效率差异及影响因素研究

中国统计年鉴数据显示，相对于工业而言，中国旅游业的能源消耗较少，属于资源节约型和环境友好型的低碳产业。然而，这并不表示旅游业是"零碳排放"产业，旅游业其实是一个涉及行、住、食、游、购、娱等各部门的交叉性行业，覆盖面广，关联性强，旅游各环节整体消耗大量的能源，产生大量的碳排放，尤其是旅游交通、住宿等环节能耗相对更高，对全球的环境和气候变化影响不容忽视。同时，我国旅游业整体规模迅速扩张，已成为世界最大的国内旅游市场，根据《中国旅游发展报告（2016）》的统计，2015 全年我国接待国内外旅游人数超过 41 亿人次，旅游总收入达4.13万亿元。其中国内旅游人数达40亿人次，同比增长10.5%；全年接待入境旅游人数1.33亿人次，同比增长4.0%；中国公民出境旅游人数达到1.2亿人次，同比增长12.0%。总体来看，旅游业对关联产业的拉动效应显著，对我国GDP的综合贡献率已达到10%。目前，我国的能源消费和碳排放量已高居全球第二位，预计到2025年前后碳排放量将上升到第一位，面临如此严峻的形势，旅游业的节能减排任重道远。因此，国家旅游局2008年发布了《关于旅游业应对气候变化问题的若干意见》，旅游业的节能减排首次正式上升到国家高度，该意见要求旅游行业增强责任意识，科学开发利用旅游资源，积极推动旅游企业节能减排，加快制定旅游业环保标准。同时大力推广新型能源、大力倡导文明旅游，主动减缓对气候变化的影响。可见，作为与环境保护密切相关的行业，我国旅游行业也已步入节能减排的时代。

旅游行业节能减排并不是简单地通过牺牲旅游经济发展来压缩能源消耗，而是在使用能源的各个方面和环节减少能源浪费，提高投入产出效率，以尽可能低的能源消耗，获得最大的经济效益，促进能源环境与旅游经济的和谐发展。因此，本部分试图在国内外已有研究的基础上，采用前沿三阶段DEA模型建模，从投入与产出的角度定量测度我国旅游业的绿色效率，并分析其影响因素，对于我国在从高碳工业社会逐步向低碳服务型社会转变的关键阶段，更有针对性和合理性地在旅游产业链推进节能减排、实现旅游产业绿色生态化具有重要的理论意义和实践价值。

5.2.1 文献回顾

20世纪90年代以来，旅游业的发展带来的能源和环境问题引发了国际众多学者的广泛关注。塔米里萨等（1997）利用投入产出的方法估算了夏威夷旅游业的能源需求，讨论了能源消耗与旅游目的地之间的具体联系，戈斯林（2002）认为旅游业能源消耗会影响全球环境。贝肯等（2001；2002；2003）从旅游住宿、旅游活动、航空旅行、旅游交通方式等多个角度，对旅游业的能源消耗问题进行了一系列研究。之后，随着全球气候的不断变暖，人们更加关注有害温室气体的排放问题，学者们从多个角度对不同国家和地区的旅游业能源消耗和碳排放进行了深入的研究。如迪布瓦等（2006）用敏感度分析法预测了法国 2050 年旅游业温室气体的排放，贝肯等（2009）分别利用自上而下和自下而上的方法测算了新西兰旅游业的能源消耗和二氧化碳排放，佩奇尼尔森等（2010）构建了瑞士的旅游温室气体密度测算体系，并比较了旅游部门和其他经济部门，同时比较了瑞士与欧洲其他国家。佩特斯等（2010）则预测全球旅游业碳排放量到 2035 年将以每年 3.2% 的速度递增。

与国外相比，国内旅游业能源消耗与碳排放研究起步较晚，且多偏向于在能耗基础上的碳排放测算，目前仍处于探索性研究阶段。专门研究旅游业能源消耗的文献相对较少，如高兴等（2007）初次研究了有关酒店业能源消耗的问题；席建超等（2011）研究了六盘山生态旅游区在乡村旅游诱导下农户家庭能源消费模式演变的问题；刘佳、赵金金（2013）探讨了 2002—2010 年中国 30 个省域旅游能源消耗与旅游经济增长的关联作用机制；丁艳、周跃云（2014）测算并分析了 2005—2012 年张家界市旅游业典型统计指标与能源消费的关联度，并且比较分析了各关联度之间的大小。2009 年，哥本哈根世界气候大会召开，低碳旅游的理念逐渐升温，我国学者们开始积极关注旅游业低碳发展的路径，但多是以定性研究为主（魏小安，2009；蔡萌、汪宇明，2010），也有部分文献进行了定量分析，如微观层面，从景点或产品角度，李鹏等（2010）首次利用碳足迹对昆明市四星级酒店住宿产品碳足迹进行了计算与分析；邹永广（2011）对旅游景区碳足迹进行了测算；李伯华等（2012）对景区交通的碳排放进行了研究，认为能源结构效应和人口规模效应是景区旅游交通碳排放增加的主要因素，而能源强度效应和经济规模效应则是抑制旅游交通碳排放的有效因子。中观层面，从产业或区域的角度，董红梅、赵景波（2010）对中国第三产业碳排放量与入境旅游人均消费的相关关系进行了探析；李风琴等（2010）则对鄂西生态文化旅游圈碳足迹与碳效用进行了测算；王立国等（2011）基于终端消费对江西省旅游业的碳排放进行了研究；汪清蓉（2012）以三种海南旅游产品为例，计算并分析各线路的能源消耗及二氧化碳排放量；古希花等（2014）利用 2000—2009 年中国广西旅游交通、旅游住宿业、旅游活动相关的数据资料，自下而上地对广西旅游业能源消耗与二氧化碳排放量进行了初步估算与分析。宏观层面，石培华、吴普（2011）首次运用自下而上对中国旅游业能源消耗与二氧化碳排放量进行了初步估算。

总体而言，关于旅游业及其各个部门的能源消耗与碳排放量测算的研究在近年相对较多，可见掌握能源消耗量和因此产生的二氧化碳排放量对于旅游业的绿色发展十分重要，然而，绿色发展所倡导的节能减排，并不是简单地减少能源消耗，而是在发展经济的同时，通过提高投入产出效率尽可能减少能源消耗，尽量兼顾经济发展与环境保护。对于旅游产业的绿色发展，也需要关注其投入产出效率，在减少碳排放的框架内，提高其绿色发展效率。可惜，对于旅游业绿色效率进行测算的文献很少，对于旅游业绿色效率的影响因素进行研究的文献更少，本书利用三阶段 DEA 模型，兼顾宏观与中观视角，考察中国各区域省区市的旅游业绿色效率大小及其影响因素，对于旅游业绿色发展研究领域的文献将是有益的补充。

5.2.2 研究方法：三阶段 DEA 模型

（1）第一阶段：传统 DEA 模型（BCC 模式）

数据包络分析（data envelopment analysis, DEA）是查恩斯、库珀（Cooper）和罗兹（Rhodes）（1978）在法雷利（Farrell）（1957）提出的衡量生产效率的基础上发明的一种线性规划方法，较为常见的是 CCR 和 BCC 模型（黄台心、陈盈秀，2004；索贵彬，2005）。它利用数学规划原理，根据多组投入产出数据求出效率，求出的总效率值为配置效率与技术效率之积。BCC 模式的假设是把 CCR 固定规模报酬改为可变规模报酬，从而将 CCR 模式中的技术效率分解为规模效率和纯技术效率，即：技术效率 = 规模效率 × 纯技术效率，总效率 = 技术效率 × 配置效率（王睿、蒲勇健，2009）。

标准的 BCC 模型可表示为

$$\min N_k = \theta_k - \varepsilon \sum_{i=1}^{m} s_{ik}^- + \sum_{r=1}^{s} s_{rk}^+ \qquad (5.1)$$

5 中国第三产业绿色效率与影响因素分析

$$\text{s.t.} \begin{cases} \sum_{r=1}^{n} x_{ij}\lambda_j + s_{rk}^- = \theta x_{ij_0}, i = 1,2,\cdots,m \\ \sum_{j=1}^{n} y_{rj}\lambda_j - s_r^+ = y_{rj_0}, r = 1,2,\cdots,s \\ \sum_{j=1}^{n} \lambda_j = 1 \end{cases}$$

$$\theta, \lambda_j, s_i^-, s_r^+ \geq 0, j = 1,2,\cdots,n \tag{5.2}$$

式中,X_{ij}表示第j个DMU的第m维投入向量;Y_{rj}表示第j个DMU的第s维产出向量;N_k表示受评估DMU的相对有效值。为了将外部环境因素、随机误差以及内部管理因素对效率值的影响效果分开,需要继续第二阶段的分析。

(2) 第二阶段:建立SFA模型

①建立投入的差额变量(slack variables)数据

由第一阶段的DEA模式及各投入变量的资料,即可建立各投入变量的差额变量数据值。令第k家DMU在第n个投入值为X_{nk},其差额值(slack values)为S_{nk},即

$$S_{nk} = X_{nk} - X_n\lambda \geq 0 \tag{5.3}$$

②差额变量与环境解释变量的理论模型

假设S_{nk}受到p个环境变量$Z_k = (Z_{1k}, Z_{pk})$的影响。因此可利用SFA来建立S_{nk}与Z_k之间的关系,而随机边界法原理如下:

根据马蒂斯(Battese)等(1989),差额变量与环境变量模型为

$$S_{nk} = f^n(Z_k, \beta^n) + E_{nk} \tag{5.4}$$

$$E_{nk} = V_{nk} + U_{nk} \tag{5.5}$$

式中,S_{nk}表示第k个决策单位第n项投入的差额值;$Z_k = [Z_{1k}, Z_{2k}, \cdots, Z_{pk}]$表示$p$个环境变量;$\beta^n$表示环境变量的待估参数;$f^n(Z_k, \beta^n)$表示环境变量对投入差额值$S_{nk}$的影响方式,一般取$f^n(Z_k, \beta^n) = Z_k\beta^k$。式(5.5)中,$V_{nk} + U_{nk}$为复合误差项,$V_{nk}$表示随机干扰,并假设服从$V_{nk} \sim (0, \sigma_{vn}^2)$的分布;$U_{nk}$表示管理无效率,并假设$U_{nk}$服从截断正态分布,即

$U_{nk} \sim (\mu_n, \sigma_{un})$，$V_{nk}$ 与 U_{nk} 独立不相关。特别地，当 $\gamma = \dfrac{\sigma_{un}}{\sigma_{un} + \sigma_{vn}}$ 趋近于 1 时，管理因素的影响占主导地位；当 $\gamma = \dfrac{\sigma_{un}}{\sigma_{un} + \sigma_{vn}}$ 趋近于 0 时，随机误差的影响占主导地位。

利用 SFA 模型的回归结果重新调整各 DMU 的投入项，将所有决策单元调整到相同的环境条件状态，同时考虑随机干扰的影响，从而可以测算出纯粹反映各决策单位管理水平的效率值。调整方式如下：

$$X_{nk}^* = X_{nk} + [\max_k \{Z_k \hat{\beta}^n\} - Z_k \hat{\beta}^n] + [\max_k \{\hat{V}_{nk}\} - \hat{V}_{nk}] \quad (5.6)$$

式中，X_{nk}^* 表示调整之后的投入量；X_{nk} 表示原始投入量；Z_k 表示环境变量观察值；$\hat{\beta}^n$ 表示待估算未知参数；V_{nk} 表示第 k 个 DMU 在第 n 个投入时生产过程的随机误差。

（3）第三阶段：调整后的 DEA 模型

第三阶段将第二阶段得出的调整后投入值与原始产出值再次代入 DEA 模型，计算各决策单元的效率。这时所得到的便是消除了外部环境因素和随机误差影响后的效率值。

5.2.3 指标选取与数据说明

本书以中国 30 个省区市的旅游业为基本研究单元（由于西藏数据缺失较为严重，因此予以剔除），对低碳经济视角下的旅游绿色效率的影响因素进行剖析。在投入指标选择上，本书主要考虑与旅游相关的能源消耗（E）、旅游从业人员数（L）、旅游资本投入（K）三个指标，共同构成各省区市旅游业要素投入；在产出指标选择上，本书以旅游总收入 Y 作为旅游经济产出指标，表示旅游业要素投入所产生的正常产品；以旅游碳排放 C 作为污染排放指标，表示旅游业要素投入所引起的环境压力，属于非合意产出。此外，本书选取了若干环境变量，环境变量一般是指能够影响绿色效率但是不在主观可控范围内的因素，本书采用城市化水平（Urba）、绿色交通水平（Tran）、技术创新水平（Tech）和对外开放水平（Open）四个变量作为环境变量。各项指标名称及计算方法见表 5.1。

5 中国第三产业绿色效率与影响因素分析

表 5.1 旅游业区域绿色效率测算的指标体系构建

指标分类	指标名称	指标计算方法
投入	旅游能源消费（E）	旅游产业煤、油、天然气消费量加总（万吨标煤）
	旅游就业数（L）	旅游产业的城镇单位就业人员（万人）
	旅游资本投入（K）	旅游产业的固定资产/全社会固定资产总投入（%）
合意性产出	旅游总收入（Y）	旅游产业的总收入/地区总产值（%）
非合意性产出	旅游碳排放（C）	旅游产业煤、油、天然气排放量加总（万吨）
环境指标	城市化水平（Urba）	城镇人口比重（%）
	绿色交通水平（Tran）	铁路旅客周转量/总旅客周转量（%）
	技术创新水平（Tech）	规模以上工业企业专利申请数（件）
	对外开放水平（Open）	外商投资企业投资总额/企业数（万美元/户）

本书首先将我国 30 个省区市划分为东、中、西三大区域进行研究，其中四川、重庆、贵州、云南、陕西、甘肃、青海、宁夏、新疆 9 个省区市为西部地区，山西、内蒙古、吉林、黑龙江、安徽、江西、河南、湖北、湖南、广西 10 个省区市为中部地区，其余 11 省区市则为东部地区。

本书研究对象为 2010—2014 年的中国旅游业，依据《中国统计年鉴》及各省统计年鉴，在我国现行国民经济核算中的产业分类中，旅游业主要涉及第三产业中的交通运输仓储邮政业、批发零售业、住宿餐饮业 3 个行业部门；但是，交通运输仓储邮政业中大部分交通运输（尤其货运）以及邮政仓储并不属于旅游相关的部门，而是与生产运作部门相关，将该产业包含在内会高估旅游业的投入产出。为避免有偏差，本书剔除了这个行业的数据，同时将交通运输的客运作为影响因素纳入实证模型；《中国能源统计年鉴》中的地区能源消耗平衡表中，批发零售业和住宿餐饮业 2 个行业合并为 1 个行业。因此，为了便于将旅游业能源消费量从相关行业中剥离，本书选择批发零售业和住宿餐饮业两个与旅游碳排放紧密相关的行业代表旅游业。

本书涉及的指标和数据需要做如下说明：

(1) 输入指标

①旅游能源消费。各省旅游业能源消费总量根据各省旅游业消耗的煤炭、石油、天然气3大品种加合而来，分别按照：1万吨煤＝0.714万吨标煤，1万吨油品＝1.43万吨标煤，1亿立方米天然气＝13.3万吨标煤的折算标准计算。相应数据来自于相应各年份《中国能源统计年鉴》，部分省份数据不全，则根据各省的统计年鉴补充。

②旅游就业数。以全国各省区市旅游业城镇单位就业人员的数量作为劳动力的投入指标，单位为：万人。数据来源于《中国统计年鉴》。

③旅游资本投入。旅游资本投入反映了地区资本进入旅游产业的活跃程度，与固定资本投入类似，本书以旅游业固定资本投入占全国固定资本投入的比重表征该行业的资本投入水平。数据来源于《中国统计年鉴》。

(2) 输出指标

①旅游总收入。借鉴杨昌鹏（2012）、王亚奇等（2013）、杨丽琴等（2015）学者的做法，本书采用各省区市旅游产业的总收入（国内旅游收入和国际旅游收入之和）与地区总产值之比来表征旅游业的产出水平。我国各地区的旅游产业收入和总产值以2010年为基期做了不变价处理。数据来源于历年《中国统计年鉴》和《中国旅游统计年鉴》。

②旅游碳排放。我国没有直接公布CO_2排放量，因此必须运用相关方法进行估算。二氧化碳排放主要来自于化石能源燃烧，中国各地区最经常使用的化石能源为煤炭、石油和天然气，如2011年这3种一次能源消耗占能源消耗总量的比重分别为72%、19.5%和5.2%。因此，本书主要考虑这三种化石能源所对应的二氧化碳排放，使用的所有能源消耗数据均来自于2010—2014年的《中国能源统计年鉴》中"批发零售住宿餐饮"业能源实物量数据，由于能源消耗单位的不统一，须换算成我国能源度量的统一热量单位标准煤，因此进一步采用年鉴所附的"各种能源折标准煤参考系数"折算为标准量。

根据联合国政府间气候变化专门委员会（Intergovernmental Panel on Climate Change, IPCC）2006年制定的《国家温室气体清单指南》所提供的方法，二氧化碳的排放估算公式如下：

5 中国第三产业绿色效率与影响因素分析

$$C = \sum_{i=1}^{3} C_i = \sum_{i=1}^{3} E_i \cdot NCV_i \cdot CEF_i \cdot COF_i \cdot (44/12) \quad (5.7)$$

式中，C 表示估算的二氧化碳排放量，$i=1$，2，3，分别代表三种一次能源；E 表示各自的能源消耗量；NCV 为3种一次能源的净发热值，在《中国能源统计年鉴》附录中可以找到中国的数值；CEF 为 IPCC 提供的碳排放系数，碳排放系数是指每一种能源使用过程中单位能源所排放的碳数量。根据 IPCC 的假定，一般可以认为某种能源在使用过程中其碳排放系数是不变的。由于 IPCC 没有直接提供煤炭的排放系数，鉴于我国原煤产量的分类的比重一直变化不大，均以烟煤为主，因此，本书根据陈诗一（2009）的方法，将 IPCC 所提供的烟煤和无烟煤碳排放系数进行加权平均（即80%和20%），得到煤炭整体的碳排放系数。COF 是碳氧化因子。而44 和 22 分别为二氧化碳和碳的分子量（李锴、齐绍洲，2011）。NCV·CEF·COF 被称为碳排放系数，而 NCV·CEF·COF·（44/12）则被称为二氧化碳排放系数。

本书二氧化碳估算所用的参考系数以及最终估算 CO_2 排放系数见表 5.2。

表 5.2　二氧化碳排放系数估算

能源		中国能源平均低位发热量		IPCC 碳排放系数（CEF）		碳氧化因子（COF）	中国标煤折算系数		本书估算的二氧化碳排放系数（NCV·CEF·COF）	
		数值	单位	数值	单位		数值	单位	数值	单位
煤	烟煤	20908	千焦/千克	26.0	千克/1000000千焦	0.97	0.7143	千克标准煤/千克	2.73	千克/千克标准煤
	无烟煤			27.0						
	加权平均			26.2						
油		41816	千焦/千克	20.0		0.98	1.4286		2.11	
天然气		38931	千焦/立方米	15.3		0.99	1.3300	千克标准煤/立方米	1.63	

（3）环境变量的选取

①城市化水平。众多文献表明，城市化水平对于旅游业的发展有着较大的影响（胡林林等，2015）。城市化的主要表现是农村人口和相关产业向城镇聚集，同时城市生活方式向农村扩散的过程。由于旅游产业的综合性、交叉性特点，城市化能够促进旅游产业的大幅扩张，具体影响是全方位的，可以通过规模经济、社会分工、技术溢出和创新效应等多渠道产生影响。旅游业的扩张无疑会消耗更多的能源，但同时旅游业相对于其他行业如制造业等是较低能耗的产业，产出的大幅增长会部分抵消多消耗的能源，与此同时，与农村居民相比，城市居民的旅游消费更加注重旅游的质量与绿色环保（马勇、王佩佩，2015）。综合来看城市化对旅游业绿色效率的提高极其可能有积极的促进作用。因此本书用各省区市城镇人口比重来代表城市化水平，数据来源于历年《中国统计年鉴》。

②绿色交通水平。旅游需要交通出行，铁路、公路、航空及水运等四种主要交通运输方式相比较而言，铁路、水运更节能（呙小明、张宗益，2012），如2007年中国航空运输平均耗能约5吨标煤/万换算吨公里，道路运输平均耗能约4吨标煤/万换算吨公里，铁路运输平均耗能为0.03吨标煤/万换算吨公里，而水路运输平均耗能为0.02吨标煤/万换算吨公里，可见铁路交通是一种相对低碳的交通出行方式。因此，本书用铁路旅客周转量与总旅客周转量的比值来表征旅游出行的绿色水平，客运周转量指在一定时期内，由各种运输工具运送的旅客数量与其相应运输距离的乘积之总和，该指标相对于客运量指标可以更加全面地反映该运输方式的产出水平。数据来自于历年《中国统计年鉴》和《中国交通年鉴》。绿色交通水平值越大，表明交通出行更多依赖于节能高效的交通工具，对于旅游的绿色效率应该具有积极的影响作用。

③技术创新水平。本书用规模以上工业企业专利申请数近似表征所有行业的技术创新水平，数据来自于历年《中国统计年鉴》。旅游业本身是交叉性的一个行业，其他行业的技术创新常常会引发旅游业创新的产生。技术，尤其是网络信息技术一直是推动旅游业发展的重要因素之一，如用户出行前，可以使用语音命令搜索机票、预订酒店和租车服务，跟踪航班

动态,这些与旅游业相关的技术更新,极大地减少了用户决策时间、降低了决策成本,能有力地促进旅游活动。还有各种社交媒体的应用也有助于旅游营销,促进旅游业的繁荣。

这些技术创新本身不会使用更多的能源,在一定程度上反而可以为旅游产出节约资源投入,同时又能够带来旅游行业产出的大幅度提升,因此可以预期,各地区各行业的技术创新对于旅游业的绿色效率会起到积极作用的。

④对外开放水平。陈诗一(2009)等研究表明对外开放指标对节能减排具有重要的作用。本书用"单项外商直接投资规模"来表征这一指标,数据来源于历年《中国统计年鉴》。单项外商直接投资规模是由外商协议投资额除以签订外资协议个数计算而出。一般来说,单项外商直接投资规模越大,对外开放水平越高,越有利于该大型外资企业形成规模经济,发挥成本优势,对当地经济的拉动作用越强,也会更加关注投资地的可持续发展,有利于东道国各行业的绿色效率的提高。然而,FDI也可能为当地带来高污染高能耗,成为发达国家的"污染避难所",因此这一指标的正负效应不能完全确定。

5.2.4 实证结果分析

(1)第一阶段:传统 DEA 模型实证分析

传统 DEA 模型分析不考虑环境变量与随机误差,以投入与产出变量为基础,运用 My DEA1.0,以传统的 DEA 模型对30个省域在2010—2014年间的旅游业绿色效率进行评估,其效率值见表5.3。

表5.3 中国各区域旅游业绿色效率 DEA 第一阶段值

年份	东部11			中部10			西部9		
	ce	te	ae	ce	te	ae	ce	te	ae
2010	0.6894	0.7411	0.9358	0.5239	0.6158	0.8821	0.8266	0.8793	0.9358
2011	0.7215	0.7429	0.9686	0.5413	0.6168	0.9054	0.8001	0.8466	0.9397
2012	0.6912	0.7658	0.9008	0.5562	0.6775	0.8372	0.7641	0.8196	0.9286

续表

年份	东部11 ce	te	ae	中部10 ce	te	ae	西部9 ce	te	ae
2013	0.7089	0.7412	0.9504	0.5095	0.6144	0.8577	0.6887	0.7397	0.9242
2014	0.6679	0.7562	0.8718	0.3890	0.4901	0.8293	0.6167	0.6921	0.8822

注：ce 为综合效率，te 为技术效率，ae 为配置效率，每个省区市的 ce = te · ae，但各区域的 ce、te、ae 皆为相应省区市效率值的加总平均，其 ce≠te · ae。

从表 5.3 中可以看出，影响我国各地区旅游绿色效率的主要因素是技术无效率，然而这是在没有考虑环境效应以及随机误差等因素的影响下计算出来的，实证结果是否具有可比性仍有待商榷，这就需要我们进一步的分析。

（2）第二阶段：SFA 回归结果

第二阶段，利用随机前沿分析方法（SFA）将外部环境效应、随机误差、管理无效率等因素分解出来，重新调整各地区的原始投入值，使得各地区的生产发展水平处于同一前沿面上，在平等的条件下衡量各地区旅游业的绿色效率。本书以各年区域旅游能源消费量、旅游就业人数、旅游业资本投入的松弛变量作为因变量，外部环境因素包括城市化水平、绿色交通水平、技术创新水平和对外开放水平作为自变量。利用 FRONTIER Version 4.1 软件，对第一阶段得到的松弛变量进行回归分析，其结果见表 5.4。

表 5.4　2014 年第二阶段 SFA 估计结果

变量	旅游能源消费（E_n） β_1	旅游就业数（L） β_2	旅游资本投入（K） β_3
常数项	3.07×10^{-2}*	4.63×10^{1}**	4.03×10^{2}*
Urba	-4.85×10^{-4}**	-4.93×10^{-1}***	-3.16×10^{0}*
Tran	-9.65×10^{-6}*	-1.54×10^{-2}*	-1.00×10^{-1}*
Tech	4.38×10^{-2}	2.10×10^{1}*	4.76×10^{1}**
Open	1.25×10^{-7}	5.92×10^{-4}***	2.90×10^{-4}*

续表

变量	旅游能源消费（E_n） β_1	旅游就业数（L） β_2	旅游资本投入（K） β_3
sigma – squared	1.23×10^{-1}*	2.61×10^{2}**	3.84×10^{4}**
gamma	5.00×10^{2}*	7.94×10^{1}**	1.09×10^{2}*

***表示显著水平达1%，**表示显著水平达5%，*表示显著水平达10%。

表5.5　2010年第二阶段SFA估计结果

变量	旅游能源消费（E_n） β_1	旅游就业数（L） β_2	旅游资本投入（K） β_3
常数项	1.78×10^{-2}	1.79×10^{1}*	1.45×10^{2}*
Urba	-1.94×10^{0}*	-1.55×10^{1}**	-1.02×10^{0}**
Tran	-1.20×10^{0}*	-1.98×10^{2}***	-1.32×10^{-1}**
Tech	1.79×10^{-2}	9.58×10^{0}**	3.65×10^{1}
Open	4.53×10^{-2}	7.84×10^{-4}*	4.82×10^{-3}**
sigma – squared	7.36×10^{1}*	5.86×10^{1}**	9.47×10^{3}**
gamma	5.00×10^{2}*	1.84×10^{3}**	4.74×10^{-1}*

***表示显著水平达1%，**表示显著水平达5%，*表示显著水平达10%。

从表5.4、表5.5可以看出，在2010—2014年，大多数统计量都通过了显著性检验，这说明环境因素对投入冗余存在显著影响，前沿生产函数的误差主要来源于技术无效率项，应用SFA模型进行分析是恰当的。因此，需要利用式（5.3）将外部环境变量和随机因素剔除，最后使得所有省域面临相同的外部环境特征，这样才能在第三阶段的研究中得到准确的结果。

此外，投入松弛变量是旅游业生产决策单元可以通过调整生产规模或改善管理节约的投入量，环境变量如果与投入松弛变量的估计系数为负，表示环境变量增加有利于减少投入松弛变量，从而有利于旅游业绿色效率的提高；当估计系数为正时，会产生与之相反的效果。下面逐项分析环境变量对各投入松弛变量的影响。

①各省城市化水平。估计结果显示，城市化水平对三个投入松弛变量（旅游能源消费、旅游就业数、旅游固定资产投入）的估计系数均为负，这与理论预期相符。

②各省绿色交通水平。表5.4和表5.5的估计结果均显示，该指标对于三个投入松弛变量均为显著负向影响，说明交通绿色出行对于旅游的绿色效率具有积极作用，这也与理论预期相符。

③各省技术创新水平。该变量对三种投入要素松弛变量的估计系数均为正，并且对于部分投入松弛变量并不显著，这一结果没有支持理论的预期，原因可能在于本书的旅游业用住宿餐饮和批发零售业近似表征，而技术创新大多发生在工业等其他行业，旅游行业本身的技术更新换代相对较慢，主要是利用互联网和大数据进行一些信息方面的传递，因此对于旅游业的绿色效率没有起到积极作用。这里需要讨论一下旅游业的技术创新问题，旅游业本身的技术创新之所以并不突出，原因在于：一，一般技术创新强调较为显著的变化，或可复制的创新，而旅游产业是高交互式服务性产业，服务过程不可重复，旅游创新导致的有些变化可能是偶然的、随机的、不可复制的，如针对某个旅游者的特定要求打造出一种新的服务方式、针对某个时尚潮流举办一次大型节庆活动等；二，旅游创新中，企业或政府大多仅关注旅游商品的创新，整体重视度不高，很少专门设立研发部门，专门的研发人才和资金的投入也相对较少；三，技术创新一般由生产方发起，消费者较少直接参与，而旅游的生产和消费需要消费者前往旅游目的地才能实现，因此，旅游创新必需消费者参与才能够实现。

④各省对外开放度。该变量对三种投入要素松弛变量的估计系数均显著为正。这一结果也没有支持理论的预期，表明区域对外开放度越高，该地区旅游业的绿色效率反而越低，可能的解释是，本书用单个外商直接投资规模表征对外开放度，该指标越大，本地区越受大中型外资企业的青睐，这些大中型外资企业进入中国市场的各个行业，虽然为中国的经济带来了更多活力，但大中型企业也拥有更多讨价还价的能力，仅受利润驱使，罔顾中国经济的绿色低碳健康发展，将国外的高能耗高污染产业带入国内，使得绿色效率不能得到提高。尤其明显的是在旅游酒店以及相关行

业，如美国的喜达屋、万豪、希尔顿，法国的雅高，英国的洲际等，在中国投资巨大，从装修到服务尽显高端奢华，但是对于绿色效率的重视却有待进一步提高。

上述分析揭示了环境变量对中国各区域旅游产业绿色效率的影响，很显然，在未剥离环境变量的旅游产业绿色效率评价有可能会造成对决策单元的不恰当定论，即决策单元处于好的外部环境其旅游产业绿色效率值会高，处在差的外部环境其旅游产业绿色效率值会低。

（3）第三阶段：调整以后的DEA实证结果

将第二阶段调整以后的投入变量放入到原DEA模型中，重新对我国30个省区市在2010—2014年期间旅游行业的绿色效率值进行测量，可以得到较为客观的、能够真实反映当地经济情况的综合效率值。结果见表5.6。

表5.6 中国各区域旅游业绿色效率三阶段结果

年份	东部			中部			西部		
	ce	te	ae	ce	te	ae	ce	te	ae
2010	0.9467	0.9518	0.9947	0.9406	0.9726	0.9698	0.8286	0.8294	0.9967
2011	1.0256	1.0252	1.0023	0.9482	1.0344	0.9277	0.9228	0.9331	0.9864
2012	1.0753	1.0713	1.0228	0.8928	0.9394	0.9513	0.9465	0.9747	0.9704
2013	1.0075	0.9934	1.0140	0.9077	0.9563	0.9508	0.8993	0.9128	0.9852
2014	1.0223	0.9736	1.0480	0.9345	0.9791	0.9531	0.8560	0.9123	0.9428

注：ce为综合效率，te为纯技术效率，ae为纯配置效率，每个省区市的ce = te·ae，但各区域的ce、te、ae皆为相应省区市效率值的加总平均，其ce≠te·ae。

综合表5.3和表5.6，可以看出，第一阶段旅游业绿色效率值与第三阶段旅游业绿色效率值存在显著差异，表明第一阶段全国省际旅游业绿色效率被高估或被低估，使用环境变量与随机误差项对原始投入值进行调整具有合理性。

调整后，图5.2、图5.3和图5.4显示，在同一时段进行横向对比可以发现，东部地区综合效率在各个年度都变成了最高，纯技术效率的分值也比调整之前要高，除了偶尔和中部地区持平之外，基本都是领先地位，配置效率也比之前要高，从 2011 年开始就变成了三地区中效率最高的地区。这表明之前东部旅游业绿色发展各项效率值均被低估。纵向来看，东部地区综合效率呈波动上升趋势，纯技术效率虽然基本领先其他区域，但有先上升后下降的趋势，可见，在技术方面东部地区若要继续保持领先地位，还需要进一步努力，不能懈怠，而配置效率处于上升趋势。综合而言，调整之后东部地区各种效率的总体优势地位十分明显，其综合效率的领先主要来源于配置效率的提高，技术效率在近两年有下降趋势。因此东部发达地区今后的发展重点应该是提高技术效率。

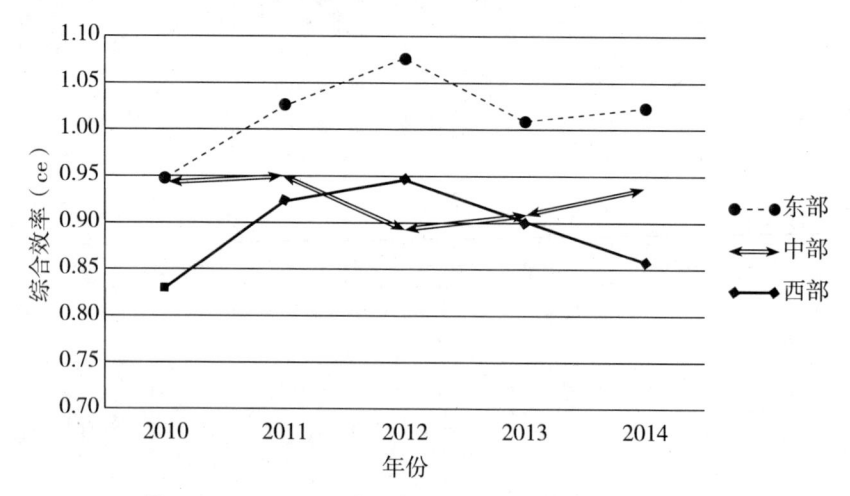

图 5.2　2010—2014 中国各地区综合效率变化（调整后）

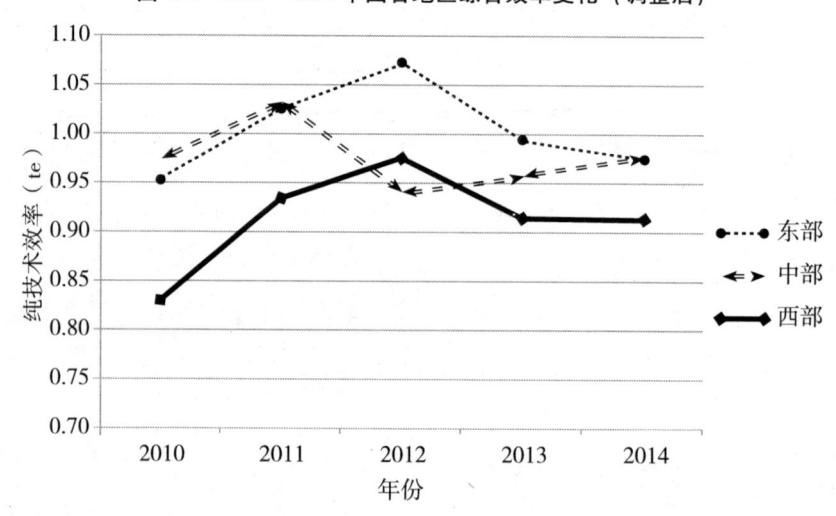

图 5.3　2010—2014 中国各地区纯技术效率变化（调整后）

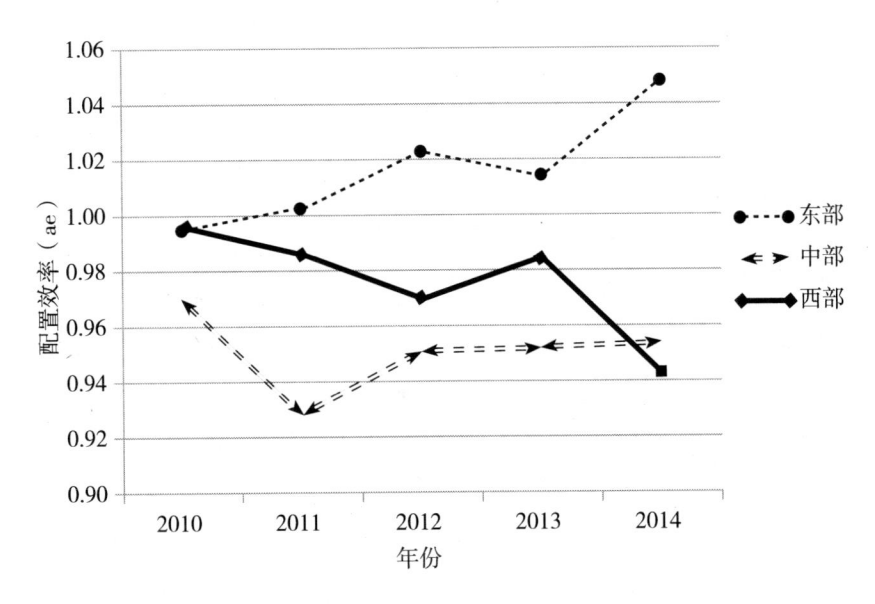

图 5.4 2010—2014 中国各地区配置效率变化（调整后）

在同一时段进行横向对比，西部地区综合效率比调整之前明显下降，基本处于最落后的位置，纯技术效率也明显下降，由之前的领先位置降到第 2 或者第 3。配置效率同样有明显地位下降的趋势；纵向来看，其综合效率处于波动下降的趋势，纯技术效率在波动中呈平稳发展态势，而配置效率则明显下降，其中技术效率与最优前沿面的距离要大于配置效率，所以其综合效率的无效率主要来自于技术效率的无效率，可见，相对于中东部地区，西部地区还需要进一步提高效率，除了配置效率方面继续努力，要进一步推进西部大开发，更关键的是，要大力提高技术效率，发展要从量的累积逐渐过渡到质的提升。

中部地区的三种效率值经过调整都有了提高，基本处于中间位置，超过了西部地区，所以中部旅游业绿色效率的变化也不像我们调整前看到的那样：旅游经济依然处于塌陷状态，甚至还在恶化。纵向来看，中部地区的综合效率在波动中呈逐步上升的态势，纯技术效率也基本处于上升趋势，尤其可喜的有超越东部地区的趋势，配置效率虽然相对于其他区域比较落后，但是也基本呈上升趋势。其中配置效率与最优前沿面的距离要大于技术效率，所以其综合效率的无效率主要来自于配置效率的无效率，可见，未来中部地区综合效率提高将主要取决于配置效率的提高。

总体上来讲，三个地区只有东部地区的投入产出最佳规模和综合效率达到了最优，中西部地区则还有提高的空间，中西部地区与东部地区的差距还十分明显。如何缩小差距呢？图5.2、图5.3、图5.4显示，相对而言，三个区域的技术效率，也就是新增长理论中的技术系数g的增长有趋同的态势，而配置及效率的差异则有扩大的趋势。虽然技术系数g趋于一致并不能说明总体差距会逐渐缩小，但我们可以认为：在三个区域的技术效率逐渐趋同的情况下，保持发达地区经济稳定增长的同时，应加大对落后地区的各项经济投入，这是解决我国目前东部和中西部地区经济差距的关键。

深入各个区域内部，我们再来观察一些典型省区市的效率值，具体结果见表5.7和表5.8。对于东部地区11个省区市而言，近一半的省区市的综合效率都大于1.0000，表明这些省区市的效率达到了最优，表现突出的是海南、辽宁、上海等，表现落后的主要是江苏、浙江、广东等。对于表现突出的省区市，其技术效率和配置效率都基本达到了最优，对于表现落后的省区市，技术效率与最优前沿面的距离要大于配置效率，所以关键需要进一步提高技术效率。与此同时，我们注意到，对于旅游业本身而言，无论是民营资本还是外资，其投资重点都在经济发达的东部地区，2015年全国旅游业完成投资10072亿元，东部地区为投资重点，占全国比重51.1%。其中，浙江、江苏、山东等省区市是东部地区投资热点地区，如山东省双岛湾休闲旅游度假城、江苏省启东市吕四渔港风情区、浙江省松岙凤凰城、河北省唐山湾国际旅游岛等，都是2015年重点投资项目，多为休闲度假、文化旅游类产品。可见，东部地区经济发达，自然人文资源都较丰富，各种投资也偏向这些地区，自然对于旅游者颇具吸引力，配置方面没有太大问题，但是，大量国人涌入这些地区旅游，造成能源消耗过多，环境破坏过重的负面影响，而部分旅游大省并没有足够关注发展该产业所消耗的能源问题，少有出台相关的政策约束众多旅游企业和旅游者的行为，反而造成这种经济强省绿色效率相对较低的局面。

表 5.7 中国各省区市历年旅游业绿色效率

省(区,市)	2010年 ce	2010年 te	2010年 ae	2011年 ce	2011年 te	2011年 ae	2012年 ce	2012年 te	2012年 ae	2013年 ce	2013年 te	2013年 ae	2014年 ce	2014年 te	2014年 ae
北京	1.0955	1.0000	1.0955	1.0938	1.0000	1.0938	1.2429	1.6868	0.7368	0.9237	1.0665	0.8661	0.9554	0.9641	0.9910
天津	1.0301	1.0942	0.9414	1.0798	1.2230	0.8829	1.1885	1.4013	0.8482	0.9811	1.0000	0.9811	1.0994	1.0994	1.0000
河北	0.9189	0.9446	0.9728	0.8983	0.9480	0.9476	0.8520	0.8982	0.9486	0.7712	0.8085	0.9539	0.8101	0.8361	0.9690
山西	0.8139	0.8347	0.9751	0.8643	0.9369	0.9225	0.8691	0.9033	0.9621	0.7987	0.8282	0.9644	0.8384	0.8838	0.9487
内蒙古	0.7696	0.7829	0.9830	1.1459	1.4140	0.8104	1.0695	1.0795	0.9908	1.2884	1.3927	0.9251	1.2662	1.2940	0.9785
辽宁	1.0400	1.0407	0.9994	1.1370	1.1575	0.9823	1.0072	1.0321	0.9759	1.3315	1.3533	0.9839	1.1451	1.1523	0.9937
吉林	0.8385	0.8561	0.9794	0.8666	0.9085	0.9539	0.8409	0.8943	0.9403	0.8267	0.8981	0.9205	0.8630	0.8961	0.9631
黑龙江	0.8560	0.8607	0.9945	0.7860	0.8616	0.9123	0.8332	0.8665	0.9615	1.0084	1.0186	0.9900	1.0840	1.0860	0.9982
上海	0.9312	1.0000	0.9312	1.0015	1.0000	1.0015	1.2176	1.0000	1.2176	1.2128	1.0000	1.2128	1.3196	1.0000	1.3196
江苏	0.7679	0.8164	0.9406	0.9210	0.9227	0.9981	0.7836	0.8465	0.9257	0.9235	0.9300	0.9930	0.9234	0.9239	0.9995
浙江	0.8112	0.8174	0.9924	0.8862	0.9148	0.9688	0.7525	0.7750	0.9709	0.7876	0.7931	0.9932	0.8245	0.8291	0.9944
安徽	0.8892	0.9379	0.9481	0.9595	0.9642	0.9951	0.8757	0.8783	0.9971	0.8781	0.8875	0.9894	0.9073	0.9076	0.9997
福建	0.9422	0.9622	0.9793	0.9650	0.9669	0.9980	0.8826	0.8850	0.9972	0.8678	0.9553	0.9084	0.9936	0.9960	0.9976
江西	0.9217	0.9407	0.9798	0.9779	0.9909	0.9868	0.9380	0.9380	1.0000	0.8962	0.9065	0.9886	0.9168	0.9256	0.9906
山东	1.0642	1.1541	0.9221	1.1987	1.1999	0.9990	1.4441	1.4519	0.9946	1.0077	1.0544	0.9556	0.8906	0.9081	0.9807

续表

省(区、市)	2010年 ce	2010年 te	2010年 ae	2011年 ce	2011年 te	2011年 ae	2012年 ce	2012年 te	2012年 ae	2013年 ce	2013年 te	2013年 ae	2014年 ce	2014年 te	2014年 ae
河南	1.3435	1.4021	0.9582	0.9521	0.9550	0.9970	0.8247	0.8380	0.9841	0.7527	0.7677	0.9805	0.7691	0.8075	0.9524
湖北	1.1954	1.3043	0.9165	1.0869	1.3936	0.7799	0.8364	1.0516	0.7953	0.8047	0.9058	0.8883	0.8244	0.9420	0.8751
湖南	0.7361	0.7620	0.9660	0.8715	0.9395	0.9276	0.7663	0.8582	0.8929	0.7337	0.7902	0.9285	0.8222	0.9450	0.8701
广东	0.6321	0.6410	0.9861	0.8902	0.9439	0.9430	0.7417	0.8070	0.9191	0.8868	0.9664	0.9177	0.9297	1.0004	0.9292
广西	1.0416	1.0446	0.9972	0.9715	0.9798	0.9916	1.0746	1.0866	0.9889	1.0893	1.1676	0.9330	1.0533	1.1036	0.9544
海南	1.1807	1.0000	1.1807	1.2098	1.0000	1.2098	1.7161	1.0000	1.7161	1.3886	1.0000	1.3886	1.3538	1.0000	1.3538
重庆	0.9597	0.9916	0.9678	0.9846	0.9859	0.9987	1.1843	1.1908	0.9946	1.0591	1.0633	0.9960	0.9996	1.1073	0.9028
四川	0.7785	0.8174	0.9523	0.8989	1.0099	0.8901	0.8675	1.0186	0.8516	0.8828	1.0509	0.8401	0.8279	0.9918	0.8348
贵州	0.5598	0.5692	0.9836	0.6216	0.6729	0.9237	0.8052	0.8548	0.9420	0.7240	0.7450	0.9719	0.7543	0.9590	0.7866
云南	0.8807	0.8811	0.9995	0.9932	0.9960	0.9972	0.9488	0.9590	0.9894	0.9221	0.9528	0.9678	0.7992	0.8004	0.9985
陕西	0.7953	0.8084	0.9839	0.9183	0.9451	0.9716	0.8354	0.8684	0.9620	0.7975	0.8164	0.9769	0.8423	0.8579	0.9818
甘肃	0.7668	0.7688	0.9974	0.9060	0.9182	0.9867	0.8267	0.8311	0.9946	0.7335	0.7385	0.9932	0.7642	0.7860	0.9722
青海	0.8586	0.8605	0.9979	0.9708	0.9740	0.9967	1.1233	1.1320	0.9924	0.9265	0.9350	0.9908	0.8948	0.8954	0.9993
宁夏	1.0997	1.0000	1.0997	1.1405	1.0000	1.1405	1.0353	1.0000	1.0353	1.1891	1.0000	1.1891	1.0297	1.0000	1.0297
新疆	0.7581	0.7674	0.9879	0.8711	0.8957	0.9726	0.8917	0.9178	0.9715	0.8589	0.9129	0.9408	0.7962	0.8130	0.9793

表 5.8　各省区市旅游绿色效率（2010—2014 年）均值

省（区、市）	年均值 ce	年均值 te	年均值 ae
北京	1.062263	1.143488	0.956639
天津	1.075774	1.163561	0.930720
河北	0.850115	0.887078	0.958361
山西	0.836875	0.877364	0.954560
内蒙古	1.107923	1.192615	0.937556
辽宁	1.132177	1.147183	0.987039
吉林	0.847141	0.890611	0.951444
黑龙江	0.913513	0.938669	0.971304
上海	1.136532	1.000000	1.136532
江苏	0.863884	0.887900	0.971388
浙江	0.812395	0.825863	0.983941
安徽	0.901984	0.915100	0.985889
福建	0.930224	0.953078	0.976091
江西	0.930114	0.940339	0.989159
山东	1.121033	1.153687	0.970401
河南	0.928421	0.954081	0.974423
湖北	0.949548	1.119457	0.851053
湖南	0.785961	0.858978	0.917023
广东	0.816086	0.871757	0.939017
广西	1.046062	1.076425	0.973010
海南	1.369806	1.000000	1.369806
重庆	1.037476	1.067788	0.971974
四川	0.851135	0.977725	0.873795
贵州	0.692994	0.760154	0.921567

续表

省（区、市）	年均值		
	ce	te	ae
云南	0.908803	0.917857	0.990481
陕西	0.837789	0.859255	0.975239
甘肃	0.799421	0.808547	0.988806
青海	0.954808	0.959373	0.995427
宁夏	1.098884	1.000000	1.098884
新疆	0.835196	0.861380	0.970407

对于西部地区 9 个省区市，可以发现只有宁夏的综合效率一直处于最优，其余 8 个省区市都没有达到最优，重庆表现次优，综合效率在部分年份达到了最优，平均值也表现较佳，如果进一步提高其配置效率，便可以达到最优状态。幸运的是，2015 年，政府和国有企业对西部地区旅游投入的比重相对较高，投资集中在旅游基础设施、公共服务设施以及大型综合类休闲度假项目，这一现象可以预示西部地区的配置效率将有望得到提高；表现落后的主要是贵州、甘肃等地，其综合效率无效主要是由于技术效率无效引起。

对于中部地区 10 个省区市而言，虽然整体效率水平有上升趋势，但没有一个省区市在各年的综合效率都达到最优，相对而言，大部分年份都能达到有效状态的是内蒙古和广西等地，表现最差的是湖南、山西等地，综合效率、技术效率和配置效率都没有处于各效率前沿面，综合效率的无效率主要来源于技术效率的相对无效。

5.3 本章小结

本书首次将三阶段 DEA 模型应用于中国 2010—2014 年各区域旅游业的绿色效率研究，三阶段 DEA 模型剥离了外部环境因素和随机误差因素的影响，能够更加准确的评价出旅游业绿色效率值。本书通过测算得到的结论有：

（1）在运用SFA模型剔除随机误差和外部环境因素影响后，各省区市的综合效率值，技术效率值和配置效率值都有不同程度的增减变化，表明第一阶段全国各区域的旅游业绿色效率被高估或被低估，使用环境变量与随机误差项对原始投入值进行调整具有合理性。

（2）在外部环境因素中，各省城市化水平、绿色交通水平如之前预期，对于旅游业绿色效率的提高能够起到积极的作用；而各省技术创新水平、对外开放度与预期相反，由于旅游业自身的特点和衡量方法等原因，显示出了对旅游业绿色效率的负面作用。

（3）调整之后，在三个区域内部，东部地区旅游业的绿色综合效率的领先主要是来源于配置效率的提高，今后的发展重点应该是提高技术效率；西部地区旅游业的绿色综合效率没达到最优则归因于配置效率和技术效率都没能达到最优，今后发展的重点除了进一步提高配置效率外，更关键的是提升技术效率；中部地区旅游业的绿色综合效率没达到最优则主要归因于其配置效率的无效率，今后应重点提高配置效率。对各区域典型省区市的分析也进一步呼应了这一结论。

（4）调整之后，对比三个区域，只有东部地区的投入产出最佳规模和综合效率达到了最优，中西部地区则还有提高的空间，中西部地区与东部地区的差距还十分明显。在三个区域的技术效率逐渐趋同的情况下，应加大对落后地区的各项旅游投入，这是解决我国目前东中西部差距的关键。

6 中国区域经济绿色转型与异质性 FDI

6.1 中国区域经济绿色转型的必然性

党的十九大报告提出了新时代坚持新发展理念，即坚持创新、协调、绿色、开放、共享的发展理念。其中协调发展注重的就是解决发展不平衡问题。自"十一五"以来，中国坚持实施西部大开发、振兴东北地区等老工业基地、促进中部地区崛起、鼓励东部地区率先发展的区域发展总体战略，遏制了区域发展差距继续扩大的趋势，区域经济发展的均衡性、协调性得到显著增强。从近几十年统计数据来看，东部、中部、西部、东北地区的生产总值从 1978 年的 1514 亿元、750 亿元、726 亿元和 486 亿元，分别增加到了 2017 年的 449681 亿元、179412 亿元、170955 亿元和 55431 亿元。按不变价格计算，东部、中部、西部、东北地区生产总值分别年均增长 11.4%、10.4%、10.4% 和 9.0%，呈现出东部地区领跑、各区域均衡发展的良好态势。其中，东部地区经济发展迅速，成为带动国民经济持续快速增长的核心区和增长极；中部地区经济实力显著增强，工业拉动作用明显，自中部崛起战略实施以来，中部地区经济迅速发展；西部经济实力自西部大开发战略实施以来也得到大幅提升，2000—2017 年，西部地区生产总值从 17276 亿元增加到 170955 亿元，占全国比重由 17.5% 提高到 20.0%，人均地区生产总值由 4948 元增加到 45522 元，从相当于全国平均水平的 62.3% 提高到 76.3%。东北地区国企改革和历史遗留问题的解决也取得了积极进展，国有资本进一步向重要行业和关键领域集中，2015 年新一轮东北振兴战略的启动，带动东北地区经济走出一度陷入的困境。可见,在以"外需驱动"向"内需驱动"的经济转型过程中,中部、西部地区的优势逐渐开始显现,与东部地区的差距呈逐渐缩小的趋势。

但区域经济快速发展的背后是以大量的能源消耗和生态环境的破坏为代价。长期以来,我国以煤为主的能源结构和粗放型的能源生产方式及消费模式使我国经济增长与生态环境的矛盾日益尖锐。我国能源消费总量从1978年的5.71亿吨标准煤到2017年的43.6亿吨标准煤,已成为全球第一能源消费大国。与此同时,碳排放总量、固体废弃物排放量呈现同步增长态势。"高能耗、低效益、高排放"式粗放型经济增长方式已经不能适应当前我国资源短缺和环境制约的现实情况。在新时期我国各地区要协调发展,则必须超越这种仅仅追求劳动生产率和资本生产率的发展模式,转而采用既追求劳动生产率和资本生产率,又追求大幅度提高绿色效率的新的发展模式。党的十九大提出我国经济正由高速增长转向高质量发展的重要阶段,在此背景下,如何以高质量发展理念引领经济转型,推动实现人与自然和谐共生、发展与环保协同共进,让良好生态环境成为经济高质量发展的支撑点,是一个重要的课题。只有贯彻新发展理念,绿水青山才可以成为金山银山。从高资源消耗、高环境污染转向低资源消耗、低环境污染,加快"资源节约型、环境友好型"的两型社会建设,已成为高质量发展的当务之急。

6.2 中国区域经济绿色效率测度:基于 super – SBM – undesirable 模型

(1) super – SBM – undesirable 模型

区域绿色效率是考虑了资源和环境约束的社会投入产出经济效率,大多考察投入产出效率的研究选择采用数据包络分析法 DEA 方法,然而,传统的 DEA 模型假设并没有考虑到实际生产过程的非期望产出问题,如生产生活中所排放出的废水、废气、固废等都属于不期望生产出来的副产品,这样的非期望产出越少最后的效率才会越高。为了处理这种非期望产出的问题,托恩(Tone)(2001,2004)提出了非径向非角度的 SBM – undesirable 模型，解决传统包络分析的缺陷，将松弛投入和产出变量直接引入了生产函数。超效率 SBM 非期望产出（super – SBM – undesirable）模型则更进一步，允许效率值大于或等于 1，从而解决了有效单元之间的排序及差别比较问题。

根据本书研究内容，区域经济绿色效率包含期望产出和非期望产出，因此本书首先构建一个包括投入项、期望产出项、非期望产出项的生产可能性集合。假定生产决策系统中有 n 个决策单元（DMU），有 m 种要素投入，r_1 种期望产出，r_2 种非期望产出，对应的向量分别为 $x \in R_m$、$y^g \in R_{s1}$、$y^b \in R_{s2}$，定义矩阵 $X = [x_1, \cdots, x_n] \in R^{m \cdot n}$，$Y^d = [y_1^d, \cdots, y_n^d] \in R^{r1 \times n}$，$Y^u = [y_1^u, \cdots, y_n^u] \in R^{r2 \times n}$，则包含非期望产出的 SBM 模型可以表示为

$$\rho_{kt} = \min\rho = \left(1 - \frac{1}{m}\sum_{i=1}^{m}(w_i^-/w_{ik})\right) \Big/ \left(1 + \frac{1}{r_1 + r_2}\left(\sum_{s=1}^{r_1} w_s^d/y_{sk}^d + \sum_{q=1}^{r_2} w_q^u/y_{qk}^u\right)\right)$$

$$\text{s.t.} \ x_{ik} = \sum_{j=1}^{n} x_{ij}\lambda_j + w_i^-, \ y_{sk}^d = \sum_{j=1}^{n} y_s^d\lambda_j - w_s^d, \ y_{qk}^u = \sum_{j=1}^{n} y_j^u\lambda_j + w_q^u$$

(6.1)

且 λ_j，w_i^-；w_s^d，$w_q^u \geq 0$；$j = 1, \cdots, n$；$i = 1, \cdots, m$；$s = 1, \cdots, r_1$；$q = 1, \cdots, r_2$，其中 x_{ik}，y_{sk}^d，y_{qk}^u，λ_j 分别表示第 k 个 DMU 的第 i 个投入、第 s 个期望产出、第 q 个非期望产出和第 j 个 DMU 的线性组合系数。w_i^-，w_s^d，w_q^u 分别表示第 i 个投入、第 s 个期望产出和第 q 个非期望产出的松弛变量。ρ_{kt} 表示 t 期第 k 个 DMU 效率值。当且仅当 $\rho_{kt} = 1$ 时，第 k 个 DMU 为 SBM 有效。当 DMU_k 有效，则 super – SBM – undesirable 模型可表示为

$$\varphi_{kt} = \min\varphi = \frac{1}{m}\sum_{i=1}^{m}(\bar{x}/x_{ik}) \Big/ \left(\frac{1}{r_1 + r_2}\left(\sum_{s=1}^{r_1} \bar{y}^d/y_{sk}^d + \sum_{q=1}^{r_2} \bar{y}^u/y_{qk}^u\right)\right)$$

$$\text{s.t.} \ \bar{x} \geq \sum_{j=1, j\neq k}^{n} x_{ij}\lambda_j, \ \bar{y}^d \leq \sum_{j=1, j\neq k}^{n} y_{sj}^d\lambda_j, \ \bar{y}^u \geq \sum_{j=1, j\neq k}^{n} y_{qj}^u\lambda_j, \ \sum_{j=1, j\neq k}^{n} \lambda_j = 1$$

(6.2)

且 $\bar{x} \geq x_{ik}$，$\bar{y}^d \leq y_{sk}^d$；$\bar{y}^u \geq y_{qk}^u$；$\lambda_j \geq 0$；$j = 1, \cdots, n \ (j \neq k)$；$i = 1, \cdots, m$；$s = 1, \cdots, r_1$；$q = 1, \cdots, r_2$。本书将依据式（6.1）和式（6.2）来测算中国 30 个省区市域的经济绿色效率。

（2）指标选取与数据处理

根据我国区域经济社会发展的差异性，在此本书将我国大陆 30 个省区

市划分为东、中、西、东北四大区域，东部地区包括北京、天津、河北、上海、江苏、浙江、福建、山东、广东、海南10个省区市；中部地区包括山西、安徽、江西、河南、湖北、湖南6个省区市；西部地区包括内蒙古、广西、重庆、四川、贵州、云南、陕西、甘肃、宁夏、青海、新疆11个省区市（西藏由于部分年份数据缺失，本书暂不考虑），东北地区包括吉林、黑龙江、辽宁3个省。分析时间段为2006—2015年。具体投入产出指标名称与内涵阐释见表6.1。为了更好地去除价格变动影响，以下指标涉及的价格均以2005年为基期进行了不变价格处理。所有数据均来自于《中国统计年鉴》《中国环境统计年鉴》《中国能源统计年鉴》以及各省区市统计年鉴。

表6.1 super–SBM–undesirable 模型指标解释

指标分类	指标名称	指标解释
投入	能源（energy）	区域生产生活耗费的煤、油、天然气、电消费量加总（万吨标煤）
	劳动力（labor）	地区的全社会就业人员（万人）
	资本（capital）	地区的全社会固定资产投资（亿元）
	水（water）	全社会用水总量，包括农业、工业、生活用水和生态环境补水（亿立方米）
	土地（land）	城市建设用地面积（平方千米）
期望产出	经济总产出（GDP）	地区生产总值（亿元）
	造林面积（forest）	造林总面积（公顷）
	新增草原（grassland）	当年新增种草面积（千公顷）
非期望产出	二氧化碳	区域所排放的二氧化碳总量（万吨）
	废气（waste gas）	区域二氧化硫、氮氧化物、烟（粉）尘排放量加总（亿标立方米）
	废水（waste water）	区域所排放工业废水与生活污水加总量（万吨）
	固废（solid waste）	区域一般工业固体废物产生量（万吨）

其中，非期望产出指标中的 CO_2 排放量需要基于《中国能源统计年鉴》的能源统计数据进行估算，估算公式为

$$C = \sum_{i=1}^{3} C_i = \sum_{i=1}^{3} E_i \cdot NCV_i \cdot CEF_i \cdot COF_i \cdot (44/12) \qquad (6.3)$$

式（6.3）是联合国政府间气候变化专门委员会（IPCC）在其国家温室气体清单指南中提出。式中，下标 i 是能源种类数，$i=1$，2，3分别代表三种主要传统能源：煤炭、石油和天然气；C 表示估算的 CO_2 排放量；E 表示能源的耗费量；NCV 表示能源的净发热值；CEF 表示碳排放系数；COF 表示碳氧化因子，具体估算过程参照吕小明和黄森（2017）的做法。

（3）测算结果及分析

本书利用 Max dea7.0 pro 软件，基于中国 2006—2015 年 30 个省区市的投入产出数据，运用 super–SBM–undesirable 模型来测算我国区域经济绿色效率，表 6.2 给出了测算结果。

表 6.2　中国区域经济绿色效率：super–SBM–undesirable 模型测算结果

地区	2006年	2007年	2008年	2009年	2010年	2011年	2012年	2013年	2014年	2015年	均值
东部	1.17	1.09	1.07	1.07	1.07	1.02	1.01	0.98	0.97	0.97	1.04
西部	0.95	1.03	1.00	0.98	0.97	0.97	0.86	0.86	1.06	1.02	0.97
中部	0.80	0.73	0.73	0.71	0.65	0.67	0.70	0.66	0.73	0.68	0.71
东北	0.70	0.54	0.53	0.53	0.57	0.54	0.53	0.53	0.56	0.58	0.56
全国	0.97	0.94	0.92	0.91	0.90	0.88	0.85	0.82	0.92	0.89	0.90

测算结果显示，2006—2015 年中国各地经济绿色效率的平均值仅为 0.9，还未达到有效水平值，整体发展呈逐步下降态势，只有近两年稍微有所好转。这表明，打造生态文明、建设美丽中国的目标还未达成，中国整体经济社会的绿色转型发展仍需继续努力。而从分区域的测算结果来看，区域间经济绿色效率差异较大，由高到低排列依次为东部、西部、中部、东北部。图 6.1 显示，东部地区领先绿色转型，可见，东部沿海地区自然条件优越，经济发展水平也相对较高，在政府的环境治理投入、产业结构转型、绿色技术研发等方面走在了前列，但图 6.1 也显示，其绿色效率呈轻微下降趋势，需引起重视。值得一提的是西部地区的绿色效率，各省区市均表现较好，总体呈上升趋势，将中部远远甩在了后面，这表明资源能源丰富的西部地区越来越重视生态安全与经济社会的可持续发展。居

于第三的中部地区呈明显持续下降趋势，这片三大江河长江、黄河、淮河流经之地还没能完全摒弃传统的高资源消耗、高污染排放的发展方式，情势不容乐观。而最末尾的东北三地，不仅各年效率水平均处于最低值，且未呈改善态势，说明长期以来该地区的发展是以资源过度消耗和生态环境日益恶化为代价的，形势不容乐观，加快东北地区经济发展的绿色转型已刻不容缓。

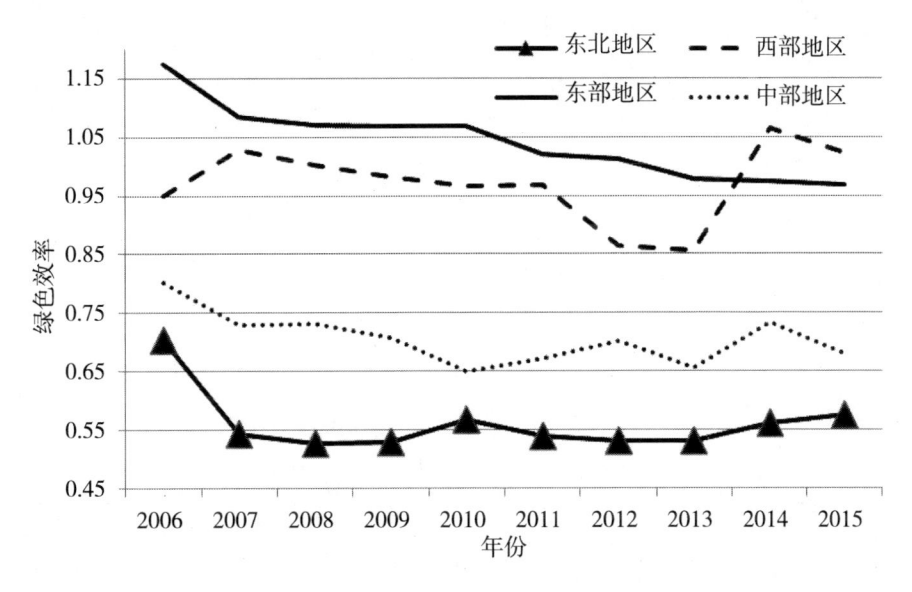

图 6.1　中国四大区域经济绿色转型趋势

6.3　中国区域经济绿色转型与 FDI 的关系假说

在经济全球化的背景下，中国加速推进对外开放，不断改善国内投资环境，FDI 规模在中国也乘势快速增长。不可否认，FDI 为中国带来了资金、技术和管理经验，对中国经济融入全球价值链、增强竞争力都起到了一定的促进作用。然而，中国日益严重的污染排放与生态环境破坏也引发了人们对于 FDI 环境影响问题的关注，尤其中国目前正处于由传统高能耗、高污染的经济发展模式向资源节约、环境友好的绿色经济发展模式转型的关键时期，FDI 为中国这一绿色转型进程带来的是助力还是阻力？

关于 FDI 对东道国经济绿色转型发展的影响，目前学术界主要有三种观点：一种观点是"污染避难所"假说，认为 FDI 为了规避本国更加严格的环境规制与更高的环保成本，倾向于将高能耗高污染的生产转移到环境标准较低的发展中国家，而发展中国家为了吸引外资，往往也会选择降低环境准入门槛，从而发展中国家沦为"污染避难所"（Walter, Ugelow, 1979; Ren et al, 2014; Ivyiro, Arminen, 2014; 冷艳丽等，2015; Abdouli, Hammami, 2017）；一种观点是"污染光环"假说，认为 FDI 转移到发展中国家的多是环境友好的绿色技术，通过技术溢出等形式能够减少发展中国家的环境污染、促进其经济绿色发展转型（Pao, Tsai, 2011; 许和连、邓玉萍，2012; Al - mulali, Tang, 2013; Wang, Chen, 2014; Pazienza, 2015; 郑强等，2016）。还有一种观点认为 FDI 对经济绿色效率的影响并不显著，FDI 对经济的作用机制较为复杂，无法确定其与经济绿色效率的关系（Wheeler, 2006; 原毅军、谢荣辉，2015; 彭星、李斌，2015）。可见关于 FDI 对经济绿色转型发展的影响仍存在争论和分歧。

然而，上述研究仅关注 FDI 总量，没有充分考虑 FDI 的异质性问题，从而难以得出一致的有说服力的结论。少部分研究者开始关注 FDI 异质性的影响。如 FDI 进入方式的不同会对区域经济绿色发展带来差异影响，刘斌斌、黄吉焱（2017）认为以合资方式进入的 FDI 将阻碍强环境规制地区绿色技术创新效率的提升，而以独资方式进入的 FDI 将有助于提升弱环境规制地区绿色技术创新效率。也有人从 FDI 投资动机角度来进行研究，如邓玉（2016）的研究结果显示，市场寻求型 FDI 和资源寻求型 FDI 对能源强度有负面影响，且资源寻求型 FDI 的负面影响更大。还有学者从 FDI 的行业异质性出发考虑问题，研究不同行业的 FDI 会对我国环境造成不同的影响，如沈能（2013）认为，FDI 与我国工业污染排放是"倒 U 形"关系，目前大部分污染密集型行业的 FDI 处于"倒 U 形"曲线的上升阶段。曹慧平（2017）的结论是 FDI 流入制造业和房地产业时会恶化东道国的环境，流入服务业时则支持"污染光环假说"。

总体而言，现有文献就同质 FDI 的各种问题铺垫了丰富的研究基础，但显然充分考虑 FDI 异质性能更清楚阐释各种关系,如谢靖、廖涵（2017）从资金来源地和进入方式两方面考察外资对出口技术复杂度的异质性影响,如周伟等（2016）、朱英明（2017）分别研究了内向型 FDI 和出口导向型 FDI 对中国经济各种因素的影响,又如魏玮等（2017）研究了环境规制对 FDI 进入动机的影响。可惜的是这些研究并没有考虑异质 FDI 对环境的影响。在前人研究的基础上,本书将全面考虑 FDI 的异质性偏好,包括规模偏好、进入方式偏好,动机偏好和行业偏好四个方面,首次探讨异质 FDI 进入中国对中国区域经济绿色转型发展效率的影响,这将是对现有研究的一个有益补充。

区域经济绿色转型要求区内生产企业增加绿色技术研发,通过资源节约、环境友好的生产工艺流程,开发制造出节能环保和长寿命的绿色产品或服务。更多强调社会效益和生态效益,短期内并不特别注重生产企业的利润增长,甚至反而可能引起企业生产投入成本的上升。

对于拥有雄厚资金、优质品牌的大型外企而言,这一短期的成本上升多在其可以承受的范围之内;而长期而言,企业通过采用绿色生产技术,循环利用生产资源,降低了生产投入成本,从而得到利润增长。另外,大型外企通过投入资金实施绿色改造等项目,能树立起该企业具备社会责任感的优势形象,反而可能成为扩大其产品销路的重要因素,其产品将获得更多消费者青睐,最后"名利双收"。在中国沿海发达地区集聚了大量的世界 500 强巨头,这些大型跨国公司深知企业"注重当地环境保护"的社会责任形象是其在华能够受到消费者欢迎的一个重要原因,他们任何有损社会责任和有违社会道德的行为更容易被放到聚光灯下,受到公众批判,进而形成强大的社会压力。因此,在华投资规模越大的 FDI 企业越有动力在节能减排等绿色项目上投入,在自身获得绿色增长的同时也有利于投资区域整体的绿色转型升级。

但是,对于那些规模偏小的外资企业而言,本身资金能力就受限,突然显性化的环境成本多在短期内令企业无法承担,仅存的竞争力被摊薄,甚至连生存都可能岌岌可危,因此,中小型的外资企业或国外投资项目就会缺乏参与目标国区域经济绿色转型的实力和动力。在中国大陆的很多二三线城市，入驻的外资企业大部分规模较小，在竞争激烈的市场环境下，难以顾及短期内与利润无直接挂钩的绿色生产与运营问题。此外，相对而言，这些中小型外企的品牌知名度也不高，企业文化薄弱，社会责任感的约束力并不强（左凯，2015），只能依靠强制性的政策敦促与监管，可惜的是，大陆二三线城市大多还停留在用优惠政策大量招商引资的阶段，作为一种政府绩效，引资数量的多少最为关键，而是否达到绿色环保标准却并没有被足够重视，这样不设门槛不加挑选所引进的外国资本，必然一心追求经济利润，忽视对当地环境资源的考虑，从而不利于当地经济整体的绿色转型。

根据上述理论分析，本书提出基于FDI规模偏好视角的第一个有待验证的研究假设：

假设1：FDI在中国投资的单个企业（项目）的平均规模越大，越有利于中国区域经济绿色转型；反之，越不利于中国区域经济绿色转型。

FDI选择什么方式进入一国市场，与其对交易成本的考虑有很大关系，以合资方式进入的FDI交易成本较低（刘斌斌、黄吉焱，2017）。但是，中外合资经营企业的外方对企业控制力会相应减弱，很多决策都需要考虑中方合资者的想法。而中方合资者会更多收到中国本地政策的约束。在力推建设生态文明、打造美丽中国的新时代，各地政府纷纷加强环境监管，重视企业的环保社会责任，因此，从主观动机上看，中方合资者在决策中会更多考虑企业对当地的环保社会责任，因而合资企业的投资决策会更偏向中国区域经济绿色转型。此外，从技术外溢角度看，合资企业外方自身所携带的先进生产技术和管理经验也会更多地被中方获取，会更容易对这些地区产生正的绿色技术溢出效应（王进猛、沈志渔，2010）。

而以独资方式进入中国的FDI企业虽然交易成本较高，但他们资金雄厚，可以相对自由决策，相对独立运营，绿色技术外溢的可能性较小。从主观动机来看独资企业相对独立运营，最重视的是企业的利润，而往往忽视了环保责任。独资企业相对于合资企业而言更不重视东道国市场的绿色环境问题，因而其增长并不能促进中国区域经济的绿色转型。

根据上述理论分析，本书提出基于FDI进入方式偏好视角的第二个研究假设：

假设2：以合资方式进入中国的FDI更有利于中国区域经济绿色转型；以独资方式进入中国的FDI更不利于中国区域经济绿色转型。

从FDI流入中国的行业结构看，过去外资最青睐的是污染水平较高的第二产业，尤其是制造业（刘畅，2011），这是因为，除了中国廉价的劳动力和优惠的引资政策，外资来到中国的另一个动机便是看好其相对宽松的环境政策，从而缺乏在环保设备和技术上投入的动力，也极容易将国内一些高污染高能耗的"夕阳产业"转移到这样的环境监管宽松地区，以避开"母国"的高环境规制要求，然后再将成品通过出口输送到本国或其他国家（樊增强，2015）。

这几年，FDI在中国的行业选择在悄然发生改变。2013年，我国第三产业占GDP比重首次超过第二产业，而FDI在第三产业的投资比重由过去的30%左右逐步增加到近年来的超过50%。相比较而言，第三产业，尤其是新兴的知识密集型第三产业，多属于低污染低能耗的服务产业（吕小明、黄森，2017），大力发展更清洁、附加值更高的第三产业是近年来我国的一大政策风向，加上我国对环境保护的重视程度日益提高，大量投资于第三产业的外国企业在中国提供各种服务，对环境的负面影响必然小于第二产业，因此更有利于中国区域的经济绿色转型。

根据上述分析，本书提出基于FDI进入行业偏好视角的第三个研究假设：

假设3：投资于中国第二产业的FDI企业越多，越不利于中国区域经济绿色转型；投资于中国第三产业的FDI企业越多，越有利于中国区域经济绿色转型。

按照外资企业最终商品流向可以判断其投资动机，改革开放以来，中国引进外资大致可以分为加工出口型外资和内需拉动型外资两个主要类型（时磊，2010）。其中，出口加工型外资有力推动了中国的加工贸易出口，在过去很长一段时间内为中国经济发展带来了更先进的技术、更高效的管理和更强的竞争力，具有积极的作用（朱英明，2017）。然而，以出口为导向的外资企业在中国投资生产，主要关注的是最终商品出口到中国以外的国家和地区是否有销路和是否获利的问题，容易忽视在生产这些商品的过程中是否采用不清洁不环保的生产技术，是否对当地的生态环境造成了不可逆的损坏，是否耗费了大量不可再生能源。即便很多商品是清洁商品，如我国大量出口的光伏太阳能电池，进口国消费者在使用的时候能够起到环保绿色的效果，但光伏太阳能电池在生产过程中要付出较高能耗，且会排放出很多有毒的副产品如多晶硅等以及各种固体和气体的废弃物（卢兰兰等，2013）。对于那些有着迫切招商引资进行加工出口的地方政府而言，更看重GDP绩效，会倾向于弱化对外企的环境规制（周杰琦、汪同三，2017），因此加工出口型外资在这类地区有充分的土壤得以生存和发展，会对当地区域经济的整体绿色转型产生负面的影响。

而那些内需拉动型的外企主要瞄准的是中国这个庞大的消费市场，除了原材料、人力资源、技术等生产环节依赖中国本土市场，最终商品也期望得到中国消费者的青睐。鉴于此，这种类型的外企必然因顾忌其在中国消费者心中的形象，不会仅仅考虑短期利润，他们更愿意在绿色环保等具备积极社会责任感的事务上做出努力，与投资目标区域一起获得绿色增长。

基于上述分析，本书提出基于FDI动机偏好视角的第四个研究假设：

假设4：若FDI在中国投资主要是以服务中国市场为主要目的，出口量越小，越有利于中国区域经济绿色转型；反之，越不利于中国区域经济绿色转型。

6.4 FDI偏好影响中国区域经济绿色效率的实证检验

自20世纪90年代开始，受到中国改革开放的积极影响，FDI在中国迅猛增长，尤其是到了21世纪，中国不断开放市场，取消各种对外限制，FDI投资更是渐入高潮。然而，不同性质的FDI具备不同的偏好。譬如，有的FDI偏好投资于第二产业，有的投资于第三产业；有的偏好投资在沿海地区，有的则偏好中西部内陆地区；有的倾向以外商独资的方式在中国新建投资,有的则偏好与中方合资,等等。不同偏好的 FDI 来到中国,到底是为中国的区域经济绿色转型发展带来了更高的绿色效率表现,还是阻碍了中国区域经济绿色转型使得绿色效率下降呢?本节尝试回答这个问题。

(1) 区域经济绿色效率的空间特性分析

首先要判断各区域经济绿色效率的主体之间是否存在空间依赖或空间相关,一般可通过测算 Moran's I 指数进行检验:

$$\text{Moran's I} = \frac{\sum_{i=1}^{n}\sum_{j=1}^{n}W_{ij}(x_i-\bar{x})(x_j-\bar{x})}{\sum_{i=1}^{n}\sum_{j=1}^{n}W_{ij}\cdot\sum_{i=1}^{n}(x_i-\bar{x})^2/n} \quad \text{Moran's I} \in [-1,+1]$$

(6.4)

式中,W_{ij} 表示二元空间权值矩阵中的任意元素值;n 表示研究对象总数,本书 $n=30$;x_i,x_j 分别表示区域 i 和区域 j 之间经济绿色效率值。若 Moran's I = 0,表示在考察期内中国区域经济绿色效率之间不存在空间相关;若 Moran's I > 0,表明存在着正的空间集聚性;若 Moran's I < 0,表明存在负的空间相关性。

由表 6.3 可知,2006—2015 年间中国 30 个省区市绿色效率具有显著的空间相关性并逐渐增强,空间计量模型的实证检验将比普通面板实证模型更为合理。

表 6.3 中国区域经济绿色效率的空间相关性

变量	模型 1	模型 2	模型 3	模型 4
Moran's I 值	0.131**	0.098*	0.245**	0.412***

***、**和*分别代表在 1%、5% 和 10% 的水平下显著。

(2) 空间面板模型构建

根据以上理论分析中的 4 个研究假设,模型选取 FDI 的不同偏好作为自变量,另外 3 个指标作为控制变量,建立 4 组空间面板计量模型来解释区域经济绿色效率的变化,具体指标名称与内涵阐释见表 6.4。所有数据均来自于《中国统计年鉴》《中国环境统计年鉴》《中国科技统计年鉴》以及各省区市统计年鉴，缺失部分数据由各省经济年度报告等政府文件显示数据补齐。鉴于数据可得性，在 FDI 进入偏好模型数据中剔除四川、辽宁、吉林 3 地，在 FDI 行业偏好模型数据中剔除四川、吉林、海南 3 地，另外两组模型则考察全部的 30 个省区市。为了更好的去除价格变动影响，以上各指标涉及价格的均以 2005 年为基期进行了不变价格处理。

表 6.4 空间面板模型指标解释

指标分类	指标名称			指标解释
被解释变量	绿色效率（E）			区域绿色效率
核心解释变量	FDI 偏好	FDI 规模偏好（FDIsize）		单项外资投资规模（万美元）= 外商直接投资额/外企个数
		FDI 进入方式偏好	独资（FDIdz）	以独资方式投资的实际外商直接投资额占总 FDI 的比重（%）
			合资（FDIhz）	以合资方式投资的实际外商直接投资额占总 FDI 的比重（%）
		FDI 行业偏好	工业（FDIind）	第二产业外商直接投资额占总 FDI 的比重（%）
			服务业（FDIser）	第三产业外商直接投资额占总 FDI 的比重（%）
		FDI 动机偏好（FDIexp）		外商投资企业出口额/区域总出口额（%）
控制变量	环境规制（regu）			区域整体环境污染治理投资占 GDP 比重（%）
	技术水平（tech）			区域规模以上工业企业的 R&D 经费内部支出与主营业务收入之比（%）
	人均收入（pGDP）			人均地区生产总值（元）

基于上述指标，本书构造下述四组空间计量模型。

模型1的空间面板滞后模型和空间面板误差模型分别为

$$\ln E_{it} = \alpha_{it} + \rho W \ln E_{it} + \beta_{1it} \ln FDIsize_{it} + \beta_{2it} X_{it} + \mu_{it} \quad (6.5)$$

$$\begin{cases} \ln E_{it} = \alpha_{it} + \beta_{1it} \ln FDIsize_{it} + \beta_{2it} X_{it} + \mu_{it} \\ \mu_{it} = \lambda W \mu_{it} + \varepsilon_{it} \end{cases} \quad (6.6)$$

式（6.5）为空间滞后模型（SLM），式（6.6）为空间误差模型（SEM）。i 与 t 分别表示各个样本地区及观察年度，ρ、λ 分别表示空间滞后系数和空间误差系数，W 表示空间权值矩阵。由于在进行空间面板计量时，空间权值矩阵无法直接产生，本书采用1阶相邻函数矩阵来表示，即相邻为1，不相邻则为0。

模型2的空间面板滞后模型和空间面板误差模型分别为

$$\ln E_{it} = \alpha_{it} + \rho W \ln E_{it} + \beta_{1it} \ln FDIdz_{it} + \beta_{2it} \ln FDIhz_{it} + \beta_{3it} X_{it} + \mu_{it} \quad (6.7)$$

$$\begin{cases} \ln E_{it} = \alpha_{it} + \beta_{1it} \ln FDIdz_{it} + \beta_{2it} \ln FDIhz_{it} + \beta_{3it} X_{it} + \mu_{it} \\ \mu_{it} = \lambda W \mu_{it} + \varepsilon_{it} \end{cases} \quad (6.8)$$

模型3的空间面板滞后模型和空间面板误差模型分别为

$$\ln E_{it} = \alpha_{it} + \rho W \ln E_{it} + \beta_{1it} \ln FDIind_{it} + \beta_{2it} \ln FDIser_{it} + \beta_{3it} X_{it} + \mu_{it} \quad (6.9)$$

$$\begin{cases} \ln E_{it} = \alpha_{it} + \beta_{1it} \ln FDIind_{it} + \beta_{2it} \ln FDIser_{it} + \beta_{3it} X_{it} + \mu_{it} \\ \mu_{it} = \lambda W \mu_{it} + \varepsilon_{it} \end{cases} \quad (6.10)$$

模型4的空间面板滞后模型和空间面板误差模型分别为

$$\ln E_{it} = \alpha_{it} + \rho W \ln E_{it} + \beta_{1it} \ln FDIexp_{it} + \beta_{2it} X_{it} + \mu_{it} \quad (6.11)$$

$$\begin{cases} \ln E_{it} = \alpha_{it} + \beta_{1it} \ln FDIexp_{it} + \beta_{2it} X_{it} + \mu_{it} \\ \mu_{it} = \lambda W \mu_{it} + \varepsilon_{it} \end{cases} \quad (6.12)$$

在建立相关空间面板计量模型之前，还需要对上述空间面板模型进行具体模型形式的选择。首先进行拉格朗日乘子检验用于在 SEM 模型和 SLM 模型中进行选择。

表 6.5 拉格朗日乘子检验结果

模型	检验	值	概率
模型 1	LMLAG	0.2927	0.5885
	R – LMLAG	78.5443	0.0000
	LMERR	3.9865	0.0459
	R – LMERR	82.2380	0.0000
模型 2	LMLAG	0.2610	0.6095
	R – LMLAG	43.8507	0.0000
	LMERR	3.4334	0.0639
	R – LMERR	47.0231	0.0000
模型 3	LMLAG	0.8289	0.3626
	R – LMLAG	70.5158	0.0000
	LMERR	7.1908	0.0073
	R – LMERR	76.8778	0.0000
模型 4	LMLAG	3.7307	0.0534
	R – LMLAG	121.5161	0.0000
	LMERR	0.0661	0.7971
	R – LMERR	117.8515	0.0000

由表 6.5 的"常规拉格朗日－强拉格朗日"双重检验结果可知，对于模型 1、2、3，LMERR、R – LMERR 的统计值均大于 LMLAG、R – LMLAG，且都通过 10% 显著性检验，这表明运用 SEM 模型较 SLM 模型更为合理。而对于模型 4，结果刚好相反，因此 SLM 模型更为合理。接着对 SEM 模型和 SLM 模型进行 Hausman 检验，过程略，P 值显示拒绝原假设，认为使用固定效应模型而非随机效应模型更合适。最后需要选择是时间固定、空间固定还是时间、空间双向固定，经反复回归验证本书选择时间空间双向固定模型。

（3）实证结果分析

选定模型形式后，本书运用 MATLAB 软件进行实证分析，结果见表 6.6。

6 中国区域经济绿色转型与异质性FDI

表6.6 四组空间面板计量结果

	模型1	模型2	模型3	模型4
FDIsize	0.1336***			
FDIhz		0.0567*		
FDIdz		-0.0145		
FDIind			-0.0863***	
FDIser			0.0061**	
FDIexp				-0.0678***
regu	-0.0493	-0.0385*	-0.0566	-0.0333
tech	-0.1212**	-0.1649***	-0.1562**	-0.1475***
pGDP	0.3190**	0.3473**	0.4831***	0.2985*
空间误差项	0.2099**	0.2130**	0.3430***	
空间滞后项				0.3969***
R^2	0.6918	0.6671	0.6896	0.6906
Log likelihood	57.5407	39.6619	48.4750	54.5074

***、**和*分别代表在1%、5%和10%的水平下显著。

表6.6显示，标志空间依赖关系的空间误差项和空间滞后项的系数估计值都达到了0.05之内的显著性水平，并且为正，证实了数据的空间相关性，表明了经济增长活动的空间依赖性和相互促进作用。模型拟合优度R^2在60%~70%之间波动，Log-likelihood数值在39~58范围之内波动，都较为合理。

从表6.6中的回归结果可以看出，不同偏好的FDI对该地区经济绿色效率的影响具有不同的特征：首先，偏好于大规模投资的FDI对我国区域经济绿色效率有着积极的促进作用，这与理论假设1一致，也就是说，外资企业在华投资的单个平均规模越大，越有利于中国区域经济绿色转型，反之，越不利；其次，偏好于以中外合资方式进入中国市场的FDI能够较显著地促进我国区域经济绿色效率，这与理论假设2一致，但是，与假设不一致的是，偏好于以外商独资方式进入中国市场的FDI虽然与预期一样阻碍我国区域经济绿色效率提升，但是这种阻碍的影响并不显著；再次，偏好投资于中国第二产业的FDI不能带给中国区域经济绿色转型动力，其系数显著为负，而偏好于投资于中国服务业的 FDI 则相反，能够促进中国的区域经济绿色转型，但是由于系数较小，所起的促进作用将有限。这基本与理论假设 3 一致；最后，偏好将其在中国所生产产品出口销售到中国以外市场的 FDI，对于我国区域经济的绿色转型也起着显著的负面影响，也就是说，内需拉动型的外企在改善本地经济绿色发展水平方面优于出口导向型外企，这与理论假设 4 一致。

从控制变量回归结果看，政府环境规制（regu）指标整体显著水平较差，大部分年份均未通过显著性检验。技术进步指标（tech）在考察期间都通过了显著性检验，但主要为负向阻碍作用。生产技术可分为绿色的清洁型技术和非绿色的污染性技术，各地区工业企业研发投入的绿色技术效应不一定为正（王惠等，2016；尤济红、王鹏，2016），对于技术研发的投入并未能对当地经济的绿色转型起到积极作用。最后，人均收入（pGDP）指标呈现出显著的积极影响，这表明，人均收入越高，人们生活水平越好，对绿色产品与服务的需求就越多，因而越能促进当地经济的绿色转型发展，这与部分学者研究结论一致（涂正革、王秋皓，2018）。

6.5 异质性 FDI 对中国能源效率的影响：以重庆为例

自 1978 年以来，改革开放成为我国的基本国策之一，而由于地域原因，重庆市直到 1985 年才迎来第一个外商投资项目，也就是重庆市第一家中外合资企业庆铃汽车。从那时起，重庆市外商投资量逐年增长，尤其是 1997 年重庆市直辖以来，作为西部大开发战略的桥头堡，重庆市成为外商投资的热土，是 FDI 在我国西部地区的主要流入地区。截至 2016 年年底，重庆市吸收 FDI 的年均增速达到 30% 左右，虽然受全球经济形势影响，2015 年全国以及重庆的 FDI 均出现了负增长，但 2016 年又呈复苏态势，因此整体趋势依然是增长。具体到产业层面，重庆市第一产业吸收外资的比例很低，主要是第二、三产业成为外资青睐的对象，而自 2005 年开始，第二产业吸引 FDI 的规模被第三产业赶超，具体见图 6.2。

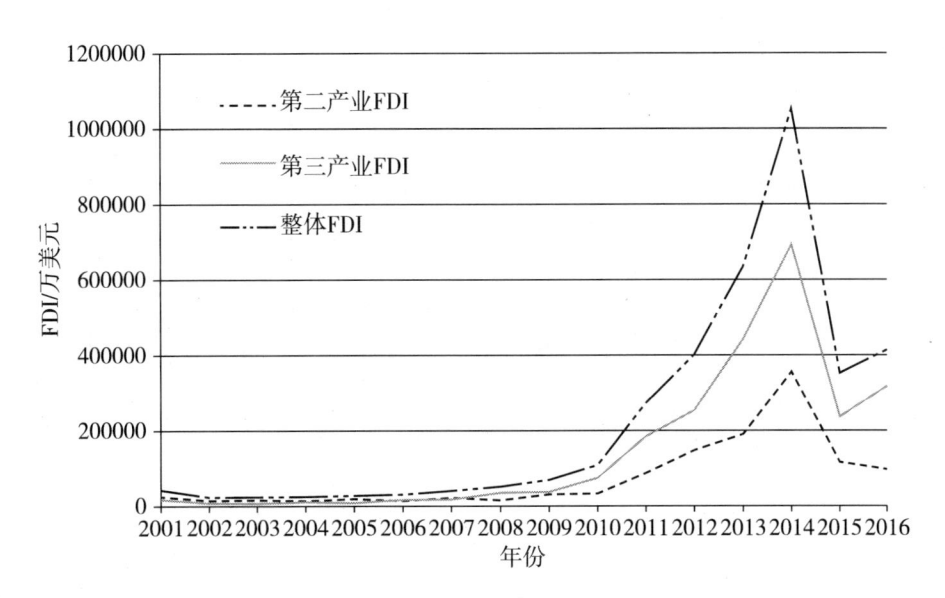

图 6.2 重庆市各产业 FDI 发展趋势

FDI 整体规模的不断增加，对促进重庆经济发展和解决劳动力就业、促进出口、增加税收等有很大贡献。但与此同时，随着经济的发展，资源的稀缺性和环境的恶化问题等日益突出，如何提高外资引进的质量，注重经济的可持续发展，成为更加值得关注的问题。减少能源的消耗，提高能源利用效率是衡量经济可持续发展的一个重要指标。根据重庆市的能源统计数据，自直辖以来，重庆市整体经济的能源强度（EI）从 1.78 降到 2016 年的 0.94，在波动中呈下降趋势，见图 6.3。与整体能源强度的趋势相一致的是重庆市第二产业的能源强度，值得注意的是，第三产业的能源强度并没有呈下降趋势。作为吸收 FDI 的主体产业，重庆市第三产业的能源强度不降反升，而第二产业的能源强度却可以在波动中下降，这提醒着我们不仅要关注 FDI 的数量，更应关注 FDI 的质量，也就是如何通过合理引导 FDI 促进本地经济的可持续发展，而减少能源的消耗，提高能源利用效率是衡量经济可持续发展的一个重要指标。

目前为止，在大多研究 FDI 影响的文献中，研究者多将 FDI 视作一种同质的资本，通过分析 FDI 的数量变化对东道主各经济社会层面的影响来阐述 FDI 的作用。然而，在现实世界中，不同特征的 FDI，例如 FDI 来源

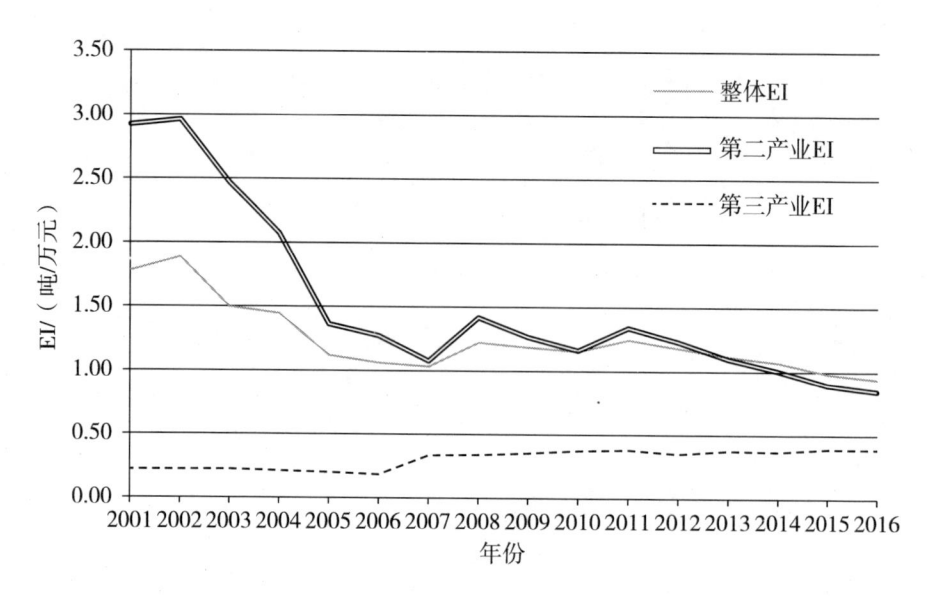

图6.3 重庆市各产业能源强度发展趋势

不同、投资目的不同、投资方式不同、流向产业不同等，都可能会对东道主经济社会发展产生大相径庭的影响。因此，本书在此试图从FDI的异质性出发，讨论重庆所承接FDI的特征对本地能源利用效率变化所起到的作用，并提出相应的政策建议，以期从另一个角度来审视外资对重庆能源效率的影响机制，为政府引导外资，制定更加合理的外商投资政策提供一定的参考。

（1）不同来源地FDI对重庆能源效率的影响研究

关于FDI对能源效率的影响，国内外不少学者已有研究，但多属于从国家整体角度研究，这样的结论过于宽泛，中国不同区域的经济发展特点各异，具体到省区市的研究会更具有针对性和实际意义。此外，不同来源地的FDI在投资方式、动机和产业流向等方面均存在很大差异，对经济发展的影响也不尽相同（何艳，2007）。因此，在此作者以重庆为研究对象，从FDI来源地差异的角度来探讨重庆这一地区的FDI对本区域各产业能源效率的影响。

根据重庆历年统计年鉴，重庆引进直接投资最多的主要是中国港澳台地区，此外外商直接投资主要有美国、加拿大、日本、韩国、新加坡、英国、法国等。一直以来中国香港地区是重庆吸引直接投资的主要来源地，所占重庆 FDI 的份额从 1998 年的 37% 激增为 66%，紧居其后的是日本、韩国、新加坡等亚洲国家，然后是位于北美地区的美国等。总体而言，中国香港地区的资金份额独大，欧美资金份额较少，重庆吸收 FDI 的来源地日益集中于亚洲地区，尤其是中国香港地区。

为了便于分析，本书将这些国家（地区）分为 4 类：港澳台地区作为中国的一部分与大陆发生外贸关系，将它们作为第一个直接投资来源地；美国、加拿大作为第二个外资来源地，代表来源于北美地区的外商直接投资；日本、韩国与新加坡是通过引进西方发达国家的技术不断模仿创新而成功的后发国家，将它们作为第三个外资来源地；英国与法国两个欧洲国家作为第四个外资来源地，并分别采用 GAT、MJ、RHX、YF 代表各个来源地 FDI 流入占比。所有数据来源于历年重庆统计年鉴。

此外，鉴于重庆 FDI 流入的产业主要是第二、三产业，第一产业暂时忽略不计，本书也将第二、三产业整体的 FDI 流入量占比作为解释变量，以探讨不考虑来源地结构的话，在产业层面 FDI 流入对各产业能源效率的影响，分别记为 FDI2 和 FDI3。第二、三产业能源强度的数据也来自于重庆历年统计年鉴，采用能源消费总量（万吨标准煤）与以 1998 年为基准的实际 GDP（亿元）之比来测算，记为 EI2 和 EI3。为便于分析，本书分别对上述指标取自然对数（以 L 表示）。为获得更可靠的分析结果，本书尽可能增加样本数量，但是由于重庆 1997 年成为直辖市，之前的经济数据统计口径有较大差异，因此最终选择 1998—2013 年的时间序列数据进行分析。

因此本书拟实证检验的模型为：

$$LEI2 = \alpha_1 LFDI2 + \alpha_2 LGAT + \alpha_3 LRHX + \alpha_4 LMJ + \alpha_5 LYF \quad (6.13)$$

$$LEI3 = \beta_1 LFDI3 + \beta_2 LGAT + \beta_3 LRHX + \beta_4 LMJ + \beta_5 LYF \quad (6.14)$$

由于本书采用时间序列数据进行分析，为了防止出现伪回归问题，首先对各变量分别进行 ADF 单位根检验，分析序列是否平稳。表 6.7 给出的检验结果证明 8 个时间序列都是一阶单整的，说明它们的线性组合是平稳的，因此满足对其进行协整检验的条件。

表 6.7　单位根检验

变量	检验类型（C, T, K）	ADF 检验值	检验结果
LEI2	(C, 0, 0)	-1.476122	不平稳
ΔLEI2	(C, 0, 0)	-3.688455**	平稳
LEI3	(C, 0, 0)	-1.168553	不平稳
ΔLEI3	(C, 0, 0)	-4.313980***	平稳
LFDI2	(C, 0, 0)	-0.339921	不平稳
ΔLFDI2	(C, 0, 0)	-9.998797***	平稳
LFDI3	(C, 0, 0)	-2.215899	不平稳
ΔLFDI3	(C, 0, 0)	-10.609310***	平稳
LGAT	(C, 0, 0)	-0.809484	不平稳
ΔLGAT	(C, 0, 0)	-6.410154***	平稳
LMJ	(C, 0, 0)	1.255690	不平稳
ΔLMJ	(C, 0, 0)	-5.191988***	平稳
LRHX	(C, 0, 0)	-3.188730*	平稳
ΔLRHX	(C, 0, 0)	-6.987256***	平稳
LYF	(C, 0, 1)	-0.685818*	不平稳
ΔLYF	(C, 0, 3)	-3.130181*	平稳

注：检验类型（C, T, K）中 C、T、K 分别代表检验方程中的常数项、趋势项和滞后阶数。Δ 表示一阶差分。

本书采用 Johansen 协整检验来分析各变量间是否存在长期均衡关系。Johansen 协整关系的检验统计量主要有迹（trace）统计量和最大特征根（Max-Eigen）统计量。对于模型 1 和 2 而言，6 个时间序列变量分别均最多存在 2 个协整关系。具体见表 6.8 和表 6.9。

表 6.8　第二产业模型的协整检验结果

原假设	特征根	trace 统计量	Max-Eigen 统计量
0 个协整向量	0.967933	123.27560***	51.59895***
1 个协整向量	0.906556	71.67668**	35.55591**
2 个协整向量	0.781424	36.12078	22.80933
3 个协整向量	0.362815	13.31144	6.760429

注：趋势假设：时间序列数据存在线性确定性趋势，CE 有截距项；滞后间隔：0 到 1。

6 中国区域经济绿色转型与异质性FDI

表6.9 第三产业模型的协整检验结果

原假设	特征根	trace 统计量	Max – Eigen 统计量
0 个协整向量	0.997168	160.37010***	88.00243***
1 个协整向量	0.892325	72.36769**	33.42963*
2 个协整向量	0.743038	38.93806	20.38242
3 个协整向量	0.487858	18.55564	10.03731

注：趋势假设：时间序列数据存在线性确定性趋势，CE 有截距项；滞后间隔：0 到 1。

既然所分析的 6 个变量具有协整关系，根据 Eviews 软件可以得出协整方程：

$$LEI2 = 0.848010 LFDI2 + 0.278591 LGAT + 0.010947 LRHX -$$
$$(0.13174) \quad (0.12710) \quad (0.03849)$$
$$0.149267 LMJ + 0.178657 LYF \quad (6.15)$$
$$(0.01902) \quad (0.01619)$$

$$LEI3 = 1.326656 LFDI3 - 0.429298 LGAT - 0.071415 LRHX -$$
$$(0.02319) \quad (0.02204) \quad (0.00675)$$
$$0.077788 LMJ + 0.078923 LYF \quad (6.16)$$
$$(0.00332) \quad (0.00305)$$

注：括号中是标准差的值。

由协整方程可以看出，对于第二产业而言，只有 RHX 变量（即日本、韩国、新加坡代表的亚洲地区）不显著，其余都显著。显著变量中，只有美国、加拿大代表的北美地区外资对重庆第二产业能源效率的提升起积极作用；对于第三产业而言，所有的变量都显著，其中，GAT 变量、RHX 变量、MJ 变量所代表的中国港澳台地区、日本、韩国、新加坡、美国、加拿大的外资流入对重庆市的第三产业能源效率有积极的促进作用，第三产业整体的 FDI 流入以及英国、法国代表的欧洲地区 FDI 对于重庆第三产业能源效率并没有起到积极作用。

作为直接投资主体的中国港澳台地区投资，对于重庆二、三产业的作用方向相反，力度也不一样。资金的不断流入极大地促进了重庆第三产业能源效率的提高，而对第二产业能源效率的提高并没起到什么积极作用。这是因为中国港澳台地区对于重庆制造业的投资模式是出口导向型，主要是利用当地廉价的劳动力进行资产回报快的加工贸易，把内陆作为其生产基地，资本更多投向纺织、制鞋、玩具等劳动密集型产业，中国港澳台地区的投资主体一般是中小型企业，本身技术水平不高，因此对于第二产业的能源效率提高并没有起到积极的作用，但是对于重庆的服务业而言，中国港澳台地区越来越集中于房地产商贸等行业，并不是劳动密集的衰退期行业，其先进的管理水平带来正向的外溢，使得整体产业的能源利用效率可以提高。与中国港澳台地区投资相似，日本、韩国、新加坡的FDI对于重庆第三产业的能源效率也有着积极的促进作用。可惜的是，目前重庆所吸引的亚洲FDI的投资流向主要还是第二产业，因此第三产业的能源效率实际上没有太多得益。

而亚洲以外的欧美地区，包括美国、加拿大和英国、法国四国，其FDI对于第二产业的能源效率作用力要大于第三产业，值得注意的是，其中来源于美国、加拿大的FDI对于两大行业均有显著的促进作用，而来源于英国、法国的FDI却显著地反作用于两大行业能效的提升。重庆所吸收的北美FDI要明显高于英国、法国等欧洲国家的外资，这样的外资结构有利于促进各产业能源效率的提高。之所以有这样的区别，是因为美国、加拿大的投资企业多为市场导向型，是质量比较高的外资来源地，它们能够利用自身的技术优势和品牌优势占领市场份额，以获得较长期的发展，这样的投资模式更加有利于重庆本地企业技术的提高。

若不考虑来源地的差异，笼统来看，重庆第二产业、第三产业所吸收的FDI规模不断增加，对于两大产业的能源效率并没有起到积极的作用。这是因为整体而言，重庆引进外资主要的目的还是引进资金发展经济，并没有太多考虑能源浪费的问题，特别是重庆地处中国内地，并不是国内最具吸引力的城市，为了吸引更多的FDI流入，出台众多外资优惠政策，鼓励外资来渝投资设厂，一些跨国公司甚至借机向当地转移高耗能、高污染的产业，导致外资的流入整体上反而没能促进行业能源效率的提升。

（2）FDI其它特点对重庆能源效率的影响研究

就不同特征FDI对能源利用及利用效率的影响研究也较为缺乏，如朱鹏、卢爱珍（2013），周芸（2013），陈东东（2014），武春桃、陈志伟

(2014) 等都是仅仅探讨了 FDI 数量这一个角度，没有考虑 FDI 资本的异质性问题。只有为数不多的研究从来源国这一特征角度分析 FDI 对能源效率的影响，如张敏等（2012）利用 1986—2009 年间的序列数据，检验了不同来源地 FDI 与中国能源消费强度之间的关系，显示不同来源地 FDI 份额的变化对中国能源消费强度的影响程度存在显著差异。滕玉华等（2014）研究了国内关于 FDI 对中国能源效率影响的 22 篇论文，认为区分了 FDI 来源地的研究会更有可能得出 FDI 对中国能源效率影响显著为正的结论。基本还没有研究探讨除了来源地之外的其它特征对能源利用及利用效率的影响。因此，本书拟从除了 FDI 来源地之外其他特征的角度来深入研究重庆所引进的 FDI 对其能源效率的影响机制，充分考虑重庆 FDI 的异质性问题，而不仅仅是从数量上来分析，以弥补这一领域研究的空白。

根据前人的研究，对外资特征的度量应该考虑三个方面的内容，一是单项合同外商直接投资的规模，二是外资企业出口额占该地区出口额的比重，三是外资企业出口额中加工贸易方式出口额的比例。然而鉴于重庆数据的可得性和可操作性，本书将利用重庆整个地区企业出口贸易额中加工贸易方式出口的比例近似替代重庆外资企业出口贸易额中加工贸易方式出口的比例。之所考虑这么替代，是因为，重庆乃至全国的加工贸易出口大多来自于外商投资企业，外商投资企业主导着中国的加工贸易，譬如从 2001 年到 2010 年，外商投资企业加工贸易进出口占全国的平均比重为 81.57%。2013 年外商投资企业加工贸易的出口值占全国加工贸易出口总值的 82.86%。在重庆也不例外。与此同时，重庆乃至全国的出口贸易增长也大多归功于外商投资企业的出口拉动，如 2014 年，经过 2012 年 FDI 的短暂回落，重庆外商投资企业出口额仍占全市总出口额的 50%。

其中，单项外商直接投资规模 Size，通过计算外商协议投资额与签订外资协议个数的比值得到，单位为万美元。本来度量单项外资投资规模的理想指标应该是用"实际利用外商直接投资额"与"外商实际执行合同个数"的比值，但是重庆统计年鉴中并没有给出"外商实际执行合同个数"这一数据，因此，采用外商协议投资额与签订合同个数的比值，要比用"实际利用外商直接投资额"与"签订外资协议个数"的比值更加合理。

外资企业出口比重 Expo，采用重庆市的外资企业出口总额占重庆出口总额的比重度量。而加工贸易出口占比 Proc 则重庆整个地区所有企业出口贸易额中加工贸易方式出口额所占比重来度量。而因变量能源利用效率 EI 用能源强度指标表征，采用能源消费总量（万吨标准煤）与以 1998 年为基期的实际地区 GDP（亿元）之比来测算。

因此，本书将利用重庆数据对以下方程进行回归分析：

$$LEI = c + \alpha LExpo + \beta LProc + \gamma LSize + \mu \quad (6.17)$$

本章中所有名义变量均以 1998 年为基期的价格水平消除了价格影响。所有数据均来源于《中国统计年鉴》、重庆历年统计年鉴以及统计公报数据。统计时长为 1998 年至 2013 年，共计 16 年。

本书采用时间序列数据进行分析，为了防止出现伪回归问题，首先对各变量分别进行 ADF 单位根检验，分析序列是否平稳。表 6.10 给出的检验结果证明 4 个时间序列都是一阶单整的，说明它们的线性组合是平稳的，因此满足对其进行协整检验的条件。

表 6.10 单位根检验

变量	检验类型（C, T, K）	ADF 检验值	检验结果
LEI	($C, T, 0$)	-3.035878	不平稳
ΔLEI		-4.143579**	平稳
LExpo	($C, T, 0$)	-1.462333	不平稳
ΔLExpo		-3.364932*	平稳
LProc	($C, T, 0$)	-0.670643	不平稳
ΔLProc		-3.681191*	平稳
LSize	($C, T, 0$)	-1.658422	不平稳
ΔLSize		-3.504672***	平稳

注：检验类型（C, T, K）中 C、T、K 分别代表检验方程中的常数项、趋势项和滞后阶数。Δ 表示一阶差分。

本书采用 Johansen 协整检验来分析各变量间是否存在长期均衡关系。Johansen 协整关系的检验统计量主要有迹（trace）统计量和最大特征根

(Max – Eigen) 统计量。根据两种统计量，可得出回归方程的 4 个时间序列变量分别均最多存在 2 个协整关系。具体见表 6.11。

表 6.11 协整检验结果

原假设	特征根	trace 统计量	Max – Eigen 统计量
0 个协整向量	0.987475	102.072500***	56.94042***
1 个协整向量	0.943024	45.132030***	37.24658***
2 个协整向量	0.364372	7.885453	5.890849
3 个协整向量	0.142240	1.994604	1.994604

注：时间序列数据存在线性确定性趋势，CE 有截距项无趋势，滞后间隔：2 到 2。

既然所分析的 4 个变量具有协整关系，根据 Eviews 软件可以得出协整方程：

$$LEI = 2.17\ LExpo\ -2.3\ LProc\ -0.48\ LSize \qquad (6.18)$$
$$\quad\ (0.2)\qquad\quad (0.13)\qquad (0.05)$$

注：括号中是标准差的值。

由协整方程可以看出，外资企业出口占比 Expo 变量与能源强度同向变动，也就是与能源利用效率反向变动，意味着外企出口占比的提高并不利于能源效率的提高。长期以来，我国外资企业出口额占到出口总额的一半以上，高出口倾向的外资是否更有利于经济增长已经引起了众多学者的思考。重庆外企出口占比虽然跟全国水平相比略低，但是近年来有齐头赶上的趋势，到 2013 年占据了货物出口总额的近半壁江山，呈现逐年上升的趋势，按出口主体来看，2005 年重庆国有企业自出口第一主体地位被私营企业超越后，2010 年 11 月再次被外资企业超越，退让为第三出口主体，这样的形势对重庆整体能源利用效率的提高形成负面影响。这是因为，从外资投资目的来看，大多外国公司直接投资的主要目的是通过在我国投资建厂，利用当地廉价的生产要素生产低成本产品再转而出口国际市场以获取贸易利益。统计数据也验证了这一点，外资企业出口占全国出口总额的比重呈上升态势，重庆的数据也是如此。这样的投资经营模式导致外资在专注出口获利的过程中缺乏对东道主经济可持续发展的考虑，加上我国尤其是西南地区的重庆急于招商引资，未能就节能降耗保护环境等方面有力地制约外企行为，因此，整体来看，FDI 企业的大量出口虽然积极地拉动了本地 GDP 的增长，但也粗放型的耗费了过多能源资源，导致能源效率反向而动。

另一重要 FDI 特征元素 Size，也就是外资单项投资规模，与能源强度反向变动，与能源效率正向变动，即外资单项投资规模的提高有利于能源效率的提升。这是因为外商投资的规模较小时，企业无法产生规模报酬，无法兼顾利润增长与能源资源的节约，而当单项外商直接投资规模较大时，企业可通过引进更先进的技术设备等生产要素，使得企业的内部生产管理更加合理和专业化，节约生产成本，增加企业利润，同时由于大型外企不仅注重利润，也注重各种社会效应、品牌效应，因此会更有动力去兼顾企业在能源利用上的效率，尽量保证可持续的增长。可见，提高利用外资水平，选择更大规模的 FDI，积极吸引世界五百强企业和全球行业龙头企业投资，或鼓励现有 FDI 扩大投资规模，驱动外商投资企业发挥规模效应，实现可持续发展，将是今后引资转型的一个方向。

加工贸易出口额占比 Proc 的影响与预期并不一致，它与能源强度反向变动，也就是说，加工贸易方式的出口值占比的提高，对于重庆能源效率的提升起到了积极的作用。加工贸易，是指经营企业进口全部或者部分原辅材料、零部件、元器件、包装物料，经加工或装配后，将制成品复出口的经营活动，主要包括来料加工和进料加工两种方式。一般来说，以加工贸易为主的生产模式处于全球价值链低端，不利于核心技术的溢出与传播，对经济增长的带动作用比较弱。长期以来通过进料、来料加工成品再出口至海外的加工贸易是外企进出口的主要方式，呈现"两头在外"的特征，也就是用以加工成品的全部或部分材料购自境外，而其加工成品又销往境外。外国公司选择在我国投资建厂，利用我国廉价的生产要素，生产低成本产品并出口以获取差额利润。近年来我国承接 FDI 较早较多的东部沿海地区都纷纷开始实现加工贸易的结构转型升级，而地处中西部的重庆还处在积极承接由东部沿海转移过来的 FDI 的阶段，对于加工贸易型外企并不排斥，譬如重庆海关研究提出支持重庆加工贸易发展的十项措施，包括积极拓展加工贸易发展平台、创新加工贸易监管模式、畅通加工贸易发展物流通道、优化海关服务质量等。2014年重庆的加工贸易进出口额依然大幅增长，增长幅度超过一般贸易。尤其是重庆两路寸滩保税港区和西永综合保税区这两个海关特殊监管区域的快速发展，引来了惠普、宏基、华硕、思科、方正等品牌商，富士康、广达、英业达、仁宝、纬创、和硕等代工商和大批零部件制造企业，迅速形成了笔电产业集群，有力推进了加工贸易的大发展。然而重庆加工贸易并不是过去东部沿海地区加工贸易方式的简单照抄照搬，而是有自己的创新之处，如传统加工贸易以"水平分工"为主，"两头在外、大进大出"，整机装配在国内，原材料、零部件大部分在海外，导致内陆地区进项物流成本极高，而重庆垂直整合产业链，形成口岸功能，降低出项物流成本，同时积极引进加工贸易结算中心，争取国家支持，创新金融、外汇监管方式，这些发展加工贸易的政策都为重庆建设内陆开放高地建设注入了强大动力。因此，对重庆而言，加工贸易出口占比的提高，虽然必不可少地导致了更多的能源消耗，但是对于当地GDP的带动也非常明显，由于这些致力于出口的加工贸易型外企带来的经济增长幅度远大于所消耗的能源增长幅度，因此并没有拉高整体的能源强度。

6.6 本章小结

本章首先运用2006—2015年我国30个省域的面板数据，基于super-SBM-undesirable模型，测算了考虑多种投入和非期望产出的区域经济绿色效率，并利用空间面板计量模型进一步实证考察了具备异质性的FDI偏好和相关控制变量对该区域经济绿色效率的影响，得出了如下四个研究结论：第一，中国各区域经济绿色效率平均还未达到有效水平，整体发展呈逐步下降态势，但近两年稍微有所好转。第二，从分区域的测算结果来看，区域间经济绿色效率差异较大，由高到低排列依次为东部、西部、中部、东北部，整体趋势表现最好的是西部地区，总体呈上升趋势，且将中部远远甩在了后面,而中部和东北部地区的情势不容乐观。第三,不同偏好的 FDI 对该地区经济绿色效率的影响具有不同的特征:首先,偏好于大规模投资的 FDI 对我国区域经济绿色效率有着积极的促进作用;其次,偏好于以中外合资方式进入中国市场的 FDI 能够较显著地促进我国区域经济绿色效率,偏好于以外商独资方式进入中国市场的 FDI 虽然与预期一样阻碍我国区域经济绿色效率提升,但是这种阻碍的影响并不显著;再次,偏好投资于中国第二产业的 FDI 不能带给中国区域经济绿色转型动力,而偏好于投资于中国服务业的 FDI 能够促进中国的区域经济绿色转型,但所起的促进作用有限;最后,仅以出口他国市场为投资动机的 FDI 对于我国区域经济的绿色转型有着显著的负面影响。第四,政府环境规制和工业技术研发投入均未能积极促进区域经济的绿色转型,但区域人均收入越高越能促进当地经济的绿色转型发展。

接着,本章运用 Eviews 软件对重庆 1998—2013 年来源于不同区域的 FDI 份额与重庆第二产业、第三产业能源强度的关系进行了实证分析,结果发现不同来源地 FDI 份额对重庆产业能源消费强度(也就是能源利用效率的倒数)的影响存在显著差异。具体来说,中国港澳台地区资金流入与日本、韩国、新加坡、美国、加拿大的外资流入对重庆市的第三产业能源效率均有积极的促进作用,而英国、法国代表的欧洲地区 FDI 对于重庆第三产业能源效率并没有起到积极作用。对于第二产业而言,仅有来自于美国、加拿大的 FDI 对行业能源效率有正面的促进作用,其他地区均未能积极引导行业能源效率的提升。整体而言,重庆所引进的 FDI 并不能对其两大产业的能源效率起到积极的影响。而从 FDI 资本三大非数量特征的角度来看,重庆外资企业出口占比的提高并不利于能源效率的提高,而外资单项投资规模和加工贸易出口额占比的增加对降低重庆整体能源强度提高效率起着正面的促进作用。

7 总　　结

本章首先对此前各章节的重要结论进行回顾和总结，在相关研究结论基础上，提出本书的研究对于改善中国绿色经济效率、实现产业转型的一些启示。最后指出研究中存在的不足之处，并讨论未来可以深入的方向。

7.1 研究结论与政策建议

本书在前人研究成果的基础上，借助于经济增长理论、产业经济学理论以及绿色经济学等经济学理论和现代计量经济学分析方法，分别从农业、工业、第三产业、全国各区域的角度，全面分析了中国绿色经济效率的时空特征与变动原因，并进而基于理论与实际分析的结果，提出了提高中国经济绿色效率、实现可持续发展的政策建议。论文的基本结论和政策建议如下：

（1）针对西部地区农业的绿色转型，本书基于2007—2016年我国西部地区11个省区市的面板数据，建立了农业经济绿色转型的理论模型，在理论模型的基础之上运用Malmquist - Luenberger指数测度我国西部地区的农业绿色转型水平，并利用空间面板计量模型进一步实证考察了西部地区农业机械化发展和相关控制变量对该区域农业绿色转型的影响，得出了如下四个研究结论：第一，中国西部地区农业绿色转型已初见成效，在波动中呈上升趋势，但整体转型水平还处于较低位置，有较大发展潜力。第二，西北部和西南部基本保持与西部整体一致的波动上升趋势，但西南地区由于重庆一地的拉动导致其农业绿色转型水平均值高于西北地区，而西北地区各地农业绿色转型水平表现得更为均衡，进一步提升的潜力更大。

第三，西部地区农业机械化作业水平对农业绿色转型有积极的推动作用，而农业机械化装备水平则表现出了相反的力量，这种相互牵扯的反向力在西北、西南和整个西部地区都基本一致。其中，相对于西南地区而言，西北地区农业机械化作业水平对西北地区较均衡的绿色转型起到了更正面的影响。第四，农民收入提高和农业技术水平的提升对整个西部地区农业绿色转型有积极的影响，而农业人力资本的影响呈现出区域分化，即西北地区农民受教育水平的提高能促进农业绿色转型，而西南地区则相反，地方对农业的财政支出则没有表现出对农业绿色转型的显著影响。

可见，中国西部地区农业的绿色转型远未完成，还需加大力度推进。对此，本书提出以下政策建议：首先，通过法律法规和生产标准等方法减少农业生产过程中的面源污染，特别是各种化肥、农药和农膜等化学品的过量和低效使用，同时加大畜禽粪便、农作物秸秆等可再次利用的传统污染物资源化利用，稳定住农业所需的水土资源质量，保证农业生态优良，促进优质安全的绿色农产品供应。其次，西部地区农业的现代化发展也离不开农业机械设备的支撑，但是鉴于西部地区地理条件和经济水平的特殊性，不可单纯地以农机总动力来论英雄，更需要重视的是农业机械在农业生产各个环节的实际作业水平。在大力发展农业机械化的过程中，要通过政策引导、购置补贴、税收优惠等措施对现有低效、高能耗的农业机械进行更新换代，利用大品牌、技术先进的绿色农业机械和设备进行农业生产，使得农业生产者在降低成本、减少能耗的同时又能提升生产效率和增加产出。最后，为了加强农民在农业生产中的绿色环保观念，也为了让农民在农业生产中更有能力去践行绿色生产，有必要提升农民的文化水平，重视农村的教育办学，让更多的农民能够便利地接受到高中及以上水平的教育，并尽量将较高文化水平的农民留在本地，同时吸引更多的农业技术人员走进来，或者对本地一定文化程度以上的农民进行农技培训，让企业、农民、农技人员都积极参与到农业绿色转型的过程中来，成为转型的主体力量。

（2）针对长江经济带区域的农业绿色发展问题，本书首先根据空间经济学的基本原理，在"中心－外围"模型基础上修正得到多元空间经济模型，以此对长江经济带 11 省区市进行空间数理建模，系统性地分析区域板块化模式和区域经济一体化模式哪种更适合长江经济带发展。研究结果显示：第一，板块化发展模式由于存在显著的行政壁垒影响，导致经济要素在各主体之间流动存在较大难度，最终会使得长江经济带发展出现平均化均衡。平均化均衡即长江经济带内部各城市的各种制造业份额趋于一致，使得整个区域形成制造业平均分布均衡，这一现象就是产业同构。很显然产业同构将使得区域内竞争激烈，影响资源配置效率，导致资源浪费，限制了长江经济带发展活力。第二，区域经济一体化发展模式将不断削弱长江经济带内部各省区市自身行政壁垒影响，改善区域内部贸易互通条件，进而提升经济要素在各省区市之间流动速度，最终促使长江经济带有效转变地区经济增长方式，自发形成集聚化均衡。长江经济带集聚化均衡的形成，一方面，会进一步引发前向关联效应和后向关联效应，扩大各省区市集聚经济辐射范围，从而提高整体经济发展活力；另一方面，会加快经济主体内部各项要素、资源自发地进行区位流动，优化相关资源的配置，改善长江经济带内部各主体产业结构，激发区域创新动力，提高多元空间经济体发展效率，从质的层面拉动长江经济带发展。第三，集聚化转型门槛值的研究结果表明，在区域板块化发展模式下，直接通过加大长江经济带人力、资金投入等方式来打破平均化均衡难度很大且成本很高，与长江发展要"共抓大保护，不搞大开发"理念不符合。长江经济带发展只有采用区域经济一体化模式，才能够有效降低集聚化转型的经济成本和时间成本，提升整体经济发展效率。

基于以上结论，本书认为长江经济带发展选择区域经济一体化模式比区域板块化模式更加有利，因此，本书接着基于 2008—2017 年的数据，运用 SE - Window - DEA 模型对长江经济带区域的农业绿色效率进行了实证测度，发现平均而言，长江经济带沿线省区市的农业绿色效率高于全国年均绿色效率，且保持者上升态势，2008—2017 年全国年均农业绿色效率指数为 0.92；长江经济带农业绿色效率指数为 0.94，这说明长江经济带农业绿色效率还是小于 1，未达到有效水平，农业绿色效率水平仍有待提高。

对此本书提出以下建议：第一，继续积极打造长江经济带一体化发展。在贸易互通层面，应优先加快交通基础设施互联互通，这是推动长江经济带发展的先手棋。只有将长江全流域打造成黄金水道，不断扩大长江经济带交通网络规模，最大限度发挥出长江的综合运输效益，才能够有力支撑整体区域经济发展的转型。在制度层面，应探索建立一系列跨区域协调发展机制，包括健全全国土地空间开发机制，健全跨区域合作协调机制，建立横向区域利益分配机制，深化生态文明建设机制等，以统筹安排协同长江经济带发展，主动引导各省区市彼此之间加强合作交流，改变各自为政、各图其利的发展态势，为长江经济带经济发展模式转型升级奠定基础。在管理机构层面，我国可积极借鉴美国田纳西河流域管理机构及（泛）长三角地区政府间合作的成功经验，在"推动长江经济带发展领导小组"发挥统领作用的基础上，进一步完善长江经济带政府协调机构，建立统一、高效、顺畅的政府协调协商、交流沟通机制。在产业布局层面，我国长江经济带沿线各级政府应该严格按照《关于依托黄金水道推动长江经济带发展的指导意见》《关于加强长江经济带工业绿色发展的指导意见》等指导性文件的政策配套实施方案规定，有意识地进行地区优势产业培养，防止"羊群效应"及"产业同构效应"的再次出现。第二，力促长江经济带提高绿色发展效率。首先，要落实《〈长江经济带发展规划纲要〉分工方案》，推动长江经济带农业农村绿色发展。因地制宜，政府根据所在地区的资源条件、环境特点、经济水平制定差异化农业绿色发展政策。对长江经济带中游地区加大资本和技术的投入量，促进农业技术创新，提高机械水平，完善农业基础设施，提高农业绿色发展效率，在保证农业经济发展的同时实现农业绿色转型。其次，优化农业绿色发展布局。长江经济带下游地区经济发展水平高，三个产业融合发展，所以第二产业、第三产业的发展对农业绿色发展转型影响不大。而长江中上游地区的第二产业、第三产业的发展使得农业生产要素大量流出，显著影响中上游地区的农业绿色效率。因此，在农业绿色发展布局中，三个产业在经济发展过程中所占比重应根据地区经济发展水平以及区域优势来决定。再次，加强上中下游地区的合作沟通，让下游地区在农业绿色发展转型上起到带头作用。长江经济带沿线地区农业发展水平高低不一，农业绿色发展水平高的地区不仅经济水平高、自然资源丰富，而且技术水平也高，所以农业绿色效率低的中游地区应积极学习下游地区农业技术创新，完善农村基础设施，提高农业绿色生产效率。

（3）针对中国工业生态情况，本书基于2006—2015年中国省际数据，利用对中国各省份生态价值指标分析及冗余度测算，对各省份生态价值进行分析，研究结果表明，中国区域工业生态价值总体水平比较低，约2/3省份处在全国水平以下，但区域工业生态价值正逐年好转。我国工业生态价值高省份是北京、天津、上海和浙江，处在全国水平以上的大部分是东部省份，省际之间的工业生态价值差距很大，通过分析，可以看到东部、中部和西部之间的工业生态价值差异显著。大多数省份处于非前沿面上，它们在减少资源投入和环境污染排放方面具有较大潜力。利用多元回归模型的构建及相关文献资料，分析出工业生态价值影响因素，可以看出，工业企业的研发投入、利用外资都是提高工业生态价值的重要因素，工业污染治理与工业生态价值呈弱显著正相关，而重工业比重与工业生态价值呈不显著负相关。工业企业提高自主研发和创新能力是提高工业企业生态价值的核心，工业行业整体的技术进步能够提高资源产出率，并且从源头遏制环境污染排放，而加大对清洁能源应用的补贴与奖励，全面开展清洁生产和节能减排，大力发展循环经济仍是政府今后的工作重点。

综上，本书提出以下政策建议：第一，中国分区域生态价值差异明显，东部地区整体生态价值水平较高，西部地区较低。由于区域生态价值不均衡，应推进主体功能区政策以考虑区域之间的合作，将生态价值评价纳入到各级政府的考核目标之中。第二，技术进步仍然是改善生态价值的主要途径，可以加大研发投入以改进技术并形成自主创新能力，使资源和能源得到充分利用。第三，对外贸易能促进生态价值的改善，因此，可以放宽贸易开放政策，同时严格控制进出口贸易质量，刺激对外贸易的良性增长，达到进一步改善生态环境的目的。第四，通过强化环境规制使企业提升生态价值，思考如何让环境规制激励企业生产率提升而非削弱其生产率。现阶段不宜"一刀切"地强化环境规制水平，对发达地区有竞争优势的行业，环境规制程度应逐步提高，这样更有利于激励企业形成稳固的国际竞争力，并从中遴选环保领跑者，纳入中长期规划予以强力支持。第五，产业结构对生态价值有显著影响。通过结构调整、技术进步和管理水平提高等方式，实现增长方式转变，推进绿色产业发展。

（4）针对全国工业的绿色效率水平，本书根据2006—2015年我国工业省际面板数据，基于SBM - undesirable模型，测算了考虑多种投入和非期望产出的工业绿色效率，并利用空间局域LISA指数和空间滞后计量模型进一步实证考察了我国各地工业绿色效率的空间布局以及产业转移和相关控制变量对工业绿色效率的影响，得出了如下研究结论：第一，尽管东部部分省区市的绿色效率达到了1的高水平值，但就整体平均水平而言，中国工业发展绿色效率并没有达到有效的水平，且总体呈波动中下降的趋势。第二，分区域来看，区域间工业绿色效率差异较大，水平由高到低排列依次为东部、中部、西部。近十年，东部地区工业绿色效率变化趋势为稳中略有下降，而中部地区和西部地区整体呈明显持续下降趋势。第三，中国部分省区市之间已形成了稳固的空间集群。第四，中国的工业产业区域转移对工业绿色效率并没有起到积极的作用，但技术进步，尤其是绿色技术的研发对于工业绿色效率能够起到正面的影响。

以上结论蕴含的政策启示如下：首先，中西部地区应尽快转变粗放的承接产业方式，不能为了追求GDP短期增长绩效，主动降低环境标准以获得重大项目入驻，尤其是中部的广西、山西等地，西部的云南、贵州、甘肃等地，更应严把产业准入门槛，严禁接受那些国家已明令淘汰的落后生产设备，拒绝与国家绿色产业政策背道而驰的污染型企业投资。其次，各地方政府应进一步优化环境政策工具，引导企业重视经济利润增长和环境保护之间的平衡，做到奖惩分明，除了使用财政收入来治理环境污染之外，政府还必须有效引导企业自身投入资金来减少能耗和治理污染，对于未达标企业需要给予经济惩罚，如推进环境税改革、推动生态补偿机制、落实工业污染物排放许可和总量控制、完善排污权交易机制等。最后，政府和企业均应将绿色技术创新作为重点工作推进，继续加大对于技术研发的支持力度，尤其是对中西部地区应有所倾斜。

（5）针对第三产业中的旅游业绿色发展效率，本书首次将三阶段DEA

模型应用于中国 2010—2014 年各区域旅游业的能源效率研究,三阶段 DEA 模型剥离了外部环境因素和随机误差因素的影响,能够更加准确的评价出旅游业能源效率值。通过测算得到的结论有:第一,在运用 SFA 模型剔除随机误差和外部环境因素影响后,各省区市的综合效率值,技术效率值和配置效率值都有不同程度的增减变化,表明第一阶段全国各区域的旅游业能源效率被高估或被低估,使用环境变量与随机误差项对原始投入值进行调整具有合理性。第二,在外部环境因素中,各省城市化水平、绿色交通水平如之前预期,对于旅游业能源利用效率的提高能够起到积极的作用;而各省技术创新水平、对外开放度与预期相反,由于旅游业自身的特点和衡量方法等原因,显示出了对旅游业能源效率的反向作用。第三,调整之后,在三个区域内部,东部地区旅游业的能源利用综合效率的领先主要是来源于配置效率的提高,今后的发展重点应该是提高技术效率;西部地区旅游业的能源利用综合效率没达到最优则归因于配置效率和技术效率都没能达到最优,今后发展的重点除了进一步提高配置效率外,更关键的是提升技术效率;中部地区旅游业的能源利用综合效率没达到最优则主要归因于其配置效率,今后应重点提高配置效率。对各区域典型省区市的分析也进一步呼应了这一结论。第四,调整之后,对比三个区域,只有东部的投入产出最佳规模和综合效率达到了最优,中西部地区则还有提高的空间,中西部地区与东部地区的差距还十分明显。在三个区域的技术效率逐渐趋同的情况下,应加大对落后地区的各项旅游投入,这是解决我国目前东中西部地区差距的关键。

根据上述结论,本书给出以下几点政策建议:首先,整合旅游交通资源,提倡低碳化的旅游交通方式,让游客在旅游过程中可以尽量采用自行车、火车等较为低能耗低排放的出行方式来代替航空、自驾等高能耗的出行方式。随着旅游业和交通业的不断发展,旅游出行的交通方式也在发生变化。旅游交通既包括旅游巴士、包机、景区内部交通等旅游专门交通工具,也包括航空、铁路、公路和水路等公共交通网络。其中,铁路交通是一种相对低碳的交通方式,其碳排放系数低于其他各种公共交通方式。因此应不断完善和普及我国高铁网络,提高管理服务水平,吸引更多中长线的游客利用铁路出行。此外，也要优化铁路线路，加快高铁网络的建设，从价格、时效性、便捷性和舒适度等角度提升铁路交通的吸引力，稳步提升中短途铁路出行周转量，将是我国旅游交通结构低碳化调整的一个重要对策。其次，继续推进城市化建设，提高人民生活水平，增强人们在旅游中的节能减排意识，在不牺牲旅游体验的前提下践行低碳旅游。当前社会，旅游者更加依赖网络获取旅游信息，政府应加强对旅游网站的管理，要求在网站加入低碳旅游的内容，向消费者提供低碳旅游出行信息，介绍低碳旅游的产品和服务等，加大在网络上低碳旅游理念的宣传力度。还需出台相应的法律法规以规范低碳旅游企业和消费者的行为。例如政府可在《旅游饭店星级的划分与评定》中加入能耗、能效、碳排放等指标，用法律手段约束企业和消费者的低碳行为；可在景区内设置节能低碳标识，建设环保设施，倡导旅游者在旅游过程中节约能源、保护环境。再次，技术进步是提高能效减少碳排放的关键，提升对绿色旅游项目开发、旅游服务产品价值增值、旅游活动节能降耗以及旅游业相关技术应用等方面的重视程度。积极推进经济发达地区旅游业的技术和经验向落后地区扩散，重视旅游产业内部的制度创新、管理创新及技术创新进展，提高旅游业环境技术效率与环境技术进步。具体而言，通过政府部门或行业协会建立针对低碳旅游业的技术和经验交流平台，促进不同地区旅游专业人才的流通，缩小国内不同省份旅游业能效与碳排放之间的差距。最后，对于不同的地区要采取不同的策略，不能一刀切。东部地区要充分发挥其经济社会区位优势，在引进国外先进旅游能源技术的同时，进一步提升自身的能源效率，进而辐射带动中西部地区的发展。中西部地区则要改变以牺牲生态环境资源为代价，单纯推进传统的高能耗高排放服务项目、盲目提高景区的游客接待数量等做法，这些都不利于旅游经济的可持续发展。中西部地区还需继续依靠国家政策扶持，完善景区内低碳高效的公用设施和能源环境监测设备等，降低高能耗、高排放旅游服务产品产值比重，提升节能减排效率。

（6）针对全国各省区市整体的绿色经济效率问题，本书首先运用2006—2015年我国30个省域的面板数据，基于 super-SBM-undesirable 模型，测算了考虑多种投入和非期望产出的区域经济绿色效率，并利用空间面板计量模型进一步实证考察了具备异质性的 FDI 偏好和相关控制变量对该区域经济绿色效率的影响，得出了如下四个研究结论：第一，中国各区域经济绿色效率平均还未达到有效水平，整体发展呈逐步下降态势，但近两年稍微有所好转。第二，从分区域的测算结果来看，区域间经济绿色效率差异较大，由高到低排列依次为东部、西部、中部、东北部。整体趋势表现最好的是西部地区，总体呈上升趋势，且将中部远远甩在了后面。而中部和东北部地区的情势不容乐观。第三，不同偏好的 FDI 对该地区经济绿色效率的影响具有不同的特征：首先，偏好于大规模投资的 FDI 对我国区域经济绿色效率有着积极的促进作用；其次，偏好于以中外合资方式进入中国市场的 FDI 能够较显著地促进我国区域经济绿色效率，偏好于以外商独资方式进入中国市场的 FDI 虽然与预期一样阻碍我国区域经济绿色效率提升，但是这种阻碍的影响并不显著；再次，偏好投资于中国第二产业的 FDI 不能带给中国区域经济绿色转型动力，而偏好于投资于中国服务业的 FDI 能够促进中国的区域经济绿色转型，但所起的促进作用有限；最后，仅以出口他国市场为投资动机的 FDI 对于我国区域经济的绿色转型也起着显著的负面影响。第四，政府环境规制和工业技术研发投入均未能显著促进区域经济的绿色转型，但区域人均收入越高越能促进当地经济的绿色转型发展。

接着，本书运用 Eviews 软件对重庆 1998—2013 年来源于中国港澳台地区的投资与日本、韩国、新加坡和欧美等不同区域的 FDI 份额与重庆第二产业、第三产业能源强度的关系进行了实证分析，结果发现不同来源地 FDI 份额对重庆产业能源消费强度（也就是能源利用效率的倒数）的影响存在显著差异。具体来说，中国港澳台地区、日本、韩国、新加坡、美国、加拿大的资本流入对重庆市的第三产业能源效率均有积极的促进作用，而英国、法国代表的欧洲地区 FDI 对于重庆第三产业能源效率并没有起到积极作用。对于第二产业而言，仅有来自于美国、加拿大的 FDI 对行业能源效率有正面的促进作用，其他地区均未能积极引导行业能源效率的提升。整体而言，重庆所引进的 FDI 并不能对其两大产业的能源效率起到积极的影响。而从 FDI 资本三大非数量特征的角度来看，重庆外资企业出口占比的提高并不利于能源效率的提高，而外资单项投资规模和加工贸易出口额占比的增加对降低重庆整体能源强度提高效率起着正面的促进作用。

对于全国的情况而言，我们建议，我国在引进FDI时应该区分不同类型的FDI，在准入上严格把关，并有意识地引导其以合适的方式流向有利于当地经济绿色转型的领域，从而摆脱FDI"污染避难所"假说带来的负面影响，让FDI成为当下中国经济绿色转型、实现可持续发展的动力而不是阻力。首先，在加大开放力度，积极吸引那些具备社会责任感的大型跨国公司尤其是世界"500强"来华投资的同时，必须严格监控好小型FDI来华投资的环境影响。其次，政府应搭建平台促进FDI企业与本土企业的联系和交流，鼓励成立中外合资经营企业，以帮助FDI所掌握的更清洁低碳的生产技术在中国的传播与扩散，这种合资鼓励的政策应该是基于自愿的辅助性政策，正如前人研究结果，当跨国企业同时受到母国和目标国产业政策支持时，会倾向于选择以合资方式进入目标国市场，因此政府应该给予合资企业更多的产业政策支持，以弥补其因企业控制程度降低而可能产生的遗憾或损失。再次，政府应对FDI流入的产业给予引导，针对第二产业流入的FDI需严格辨别其能耗与污染程度，严把准入关，同时积极引导FDI流入相对低碳清洁的第一产业和第三产业。在这一点上我国已初见成效，据统计，FDI投资于服务业的比重从2009年的40.57%已经攀升至2017年前11个月的72.5%。最后，应谨慎对待出口导向动机的FDI来华投资，虽然这种类型的FDI有助于提升中国的进出口业绩，但极容易忽视其对于环境的负面影响，成为中国经济绿色转型的阻力，因此政府可以在出口退税政策上有所调整，降低外企的出口动机，同时优先考虑那些内需拉动型FDI的投资，通过内需拉动型FDI的引入，一方面方便本土上下游企业学习模仿进而提升出口竞争力，另一方面也可以让国内消费者享受到更好的产品与服务。

对于重庆这个直辖市而言，根据研究结论可以看出，重庆不仅应该关注引资规模，更应重视引资质量，将推动本地企业技术进步和降低能源强度作为引进外资的目标之一。从实证结果可以看出，单纯追求经济发展模式的招商引资并不能提高本地的行业能源效率。如果将一些高能耗重污染的外商直接投资企业大量引进重庆，会造成当地的能源浪费以及效率损失，不利于经济的可持续发展。所以应尽量限制外资流向能源消耗过大的产业，引导外资流向能源消耗低、环境污染少的绿色产业。同时，应针对不同产业对外商直接投资的结构进行调整。在第二产业，适当扩大美国、加拿大的外资份额，因为这些国家的外企更多是以市场为导向，能将一些技术含量高的产业引进来，通过技术溢出提高本地的产业能源效率。而对于第三产业，可以鼓励中国港澳台地区、日本、韩国、新加坡这些传统资本流入大区继续加大投资，目前重庆所吸引的亚洲投资包括中国港澳台地区和日本、韩国、新加坡等地的投资流向还主要是第二产业，应该引导其转向房地产金融商贸等第三产业，会显著改变目前重庆第三产业能源效率徘徊不前的现状。总而言之，重庆应有针对性地实现宽领域、全方位、多渠道的利用外资。

此外，引进绿色FDI，实现重庆经济的可持续发展，不仅取决于外资进入的数量规模，更取决于外资其他非数量的一些特征。从具体政策而言，第一，重庆要进一步优化投资环境，吸引大规模FDI项目，如世界五百强等企业。大规模的FDI企业一般投资金数量大、周期长，会更加关注东道主的投资环境，尤其是基础设施的质量对投资决策的影响重大，因此借助于国家"一带一路"机遇，重庆应该进一步完善基础设施的建设，鼓励外商增大单项投资规模，促进外资企业发挥规模效应，研发节能技术，提高能源利用效率。第二，继续引导加工贸易型外商入驻重庆，但要创新制度，降低物流成本，避免传统加工贸易"两头在外、大进大出"的弊端，积极引进加工贸易结算中心，引进具有核心竞争力的研发中心，生产供应全流程企业集聚重庆，更容易催生出对新技术的旺盛需求。尽快走入微笑曲线高端，推动加工贸易提档升级。第三，全球经济的不景气，导致外企出口市场也遭遇挑战，主动引导外企外贸出口转内销，开拓当地市场，从市场竞争和运输成本等角度来看对于外企本身也是极为有利的一个举措。同时外企出口转内销，也能激发外企更加关注本地市场的培育，引导本地经济可持续健康的发展，遏制短视经济行为。

诚然，不同区域的经济发展阶段不同，外资特征指标的选取也应该有所不同。但可以肯定的是，外资特征指标的选取应适应当地产业与经济发展的需要。本书以地处西部的直辖市重庆为例来进行分析，希望能对我国其他关注本地 FDI 质量及希望引导节能环保 FDI 发展的地区有所启示。

7.2 未来研究展望

本书的研究主要从产业和区域的中观层次对中国绿色经济效率及其相关影响因素进行了探讨，每个产业的切入视角都各有特点，取得了一定的成果，但还有更多方面的工作仍需要进一步深入的研究。

首先，在对绿色经济效率的投入产出指标体系进行构建时，涉及了一些主观选取的变量，对于哪些是最根本的影响因素缺乏深入的分析，各种变量之间甚至可能存在着交互影响或因果关系。因此未来如何从理论，或者从微观模型推导，而非从直觉上来发掘绿色效率构成的本质，将是避免出现"变量满天飞"的根本途径，也是后期对影响因素进行实证分析的基础。

其次，本书的研究对象广泛，涉及大量的经济数据搜集和处理工作，导致最终形成的研究结论在不同产业层次上的时间节点未能保持一致，可能会影响本书各个结论之间的连贯性。例如，对于旅游业绿色效率本书只研究到 2014 年。笔者希望在以后的时间里，尽可能地拓展各个产业的数据到最新的年份，以保证研究结论的准确性。

最后，未来若能进行各个行业绿色经济效率的跨国比较分析，将能够更准确地反映差异，也能够为中国产业层次的绿色转型升级提出更有借鉴性的政策建议。

参考文献

艾红如, 2016. 长江经济带区域经济时空分异及其驱动机制 [D]. 武汉：华中师范大学.

白人朴, 杨敏丽, 刘清水, 1999. 中国农业机械化发展水平地区分类研究 [J]. 中国农机化 (3)：24—27.

班斓, 袁晓玲, 2016. 中国八大区域绿色经济效率的差异与空间影响机制 [J]. 西安交通大学学报（社会科学版）, 36 (03)：22—30.

蔡萌, 汪宇明, 2010. 低碳旅游：一种新的旅游发展方式 [J]. 旅游学刊, 25 (1)：13—17.

曹慧平, 2017. FDI 对环境污染的行业差异性研究 [J]. 石家庄经济学院学报 (6)：34—39.

曹明贵, 高琪, 2016. 基于 DEA 的中国地区绿色经济效率分析 [J]. 无锡商业职业技术学院学报, 16 (01)：17—20.

曾贤刚, 毕瑞亨, 2014. 绿色经济发展总体评价与区域差异分析 [J]. 环境科学研究, 27 (12)：1564—1570.

曾贤刚, 李琪, 孙瑛, 魏东, 2012. 可持续发展新里程：问题与探索——参加"里+20"联合国可持续发展大会之思考 [J]. 中国人口·资源与环境, 22 (8)：41—47.

查建平, 郑浩生, 范莉莉, 2014. 环境规制与中国工业经济增长方式转变——来自 2004—2011 年省级工业面板数据的证据 [J]. 山西财经大学学报 (5)：54—63.

陈银娥, 陈薇, 2018. 农业机械化、产业升级与农业碳排放关系研究——基于动态面板数据模型的经验分析 [J]. 农业技术经济 (5)：122—133.

陈超凡, 2016. 中国工业绿色全要素生产率及其影响因素——基于 ML 生产率指数及动态面板模型的实证研究［J］．统计研究（3）：53—62．

陈东东，2014．亚洲新兴市场国家（地区）FDI对能源效率的影响研究［D］．海南：海南大学．

程远，2014．两型社会背景下区域工业企业生态效率及影响因素研究［D］．安徽：中国科学技术大学．

陈坤，孔令武，2013．碳排放驱动力模型的构建与实证分析——基于能源消费视角［J］．经济管理与科学决策（3）：122—123．

陈茹，王兵，卢金勇，2010．环境管制与工业生产率增长：东部地区的实证研究［J］．产经评论（2）：74—84．

陈勇，2010．陕西省农业非点源污染评价与控制研究［D］．陕西：西北农林科技大学．

陈诗一，2010．中国的绿色工业革命：基于环境全要素生产率视角的解释（1980—2008）［J］．经济研究（11）：21—34+58．

陈诗一，2009．能源消耗、二氧化碳排放与中国工业的可持续发展［J］．经济研究，（4）：41—55．

陈傲，2008．中国区域生态效率评价及影响因素实证分析——以2000—2006年省际数据为例［J］．中国管理科学（S1）：566—570．

陈敏鹏，陈吉宁，赖斯芸，2006．中国农业和农村污染的清单分析与空间特征识别［J］．中国环境科学，26（6）：751—755．

初善冰，黄安平，2012．外商直接投资对区域生态效率的影响——基于中国省际面板数据的检验［J］．国际贸易问题（11）：128—144．

崔晓，张屹山，2014．中国农业环境效率与环境全要素生产率分析［J］．中国农村经济（8）：4—16．

单豪杰，2008．中国资本存量K的再估算：1952—2006年［J］．数量经济技术经济研究，25（10）：17—31．

邓玉，2016．不同投资动机FDI对中国能源强度的影响——基于工业行业面板数据的实证研究［J］．农村经济与科技（14）：102—103．

丁艳，周跃云，2014．区域旅游业与能源消费的灰色关联分析——以张家界市为例［J］．国土与自然资源研究（5）：37—39．

董敏杰，李钢梁，泳梅，2012. 中国工业环境全要素生产率的来源分解——基于要素投入与污染治理的分析［J］. 数量经济技术经济研究（2）：3—20.

董红梅，赵景波，2010. 中国第三产业碳排放量与入境旅游人均消费的相关关系探析［J］. 干旱区资源与环境（4）：185—189.

豆建民，沈艳兵，2014. 产业转移对中国中部地区的环境影响研究［J］. 中国人口·资源与环境（11）：96—102.

杜江，王锐，王新华，2016. 环境全要素生产率与农业增长：基于 DEA-GML 指数与面板 Tobit 模型的两阶段分析［J］. 中国农村经济（3）：65—81.

杜江，2014. 中国农业增长的环境绩效研究［J］. 数量经济技术经济研究，31（11）：53—69.

杜立民，2010. 我国二氧化碳排放的影响因素：基于省级面板数据的研究［J］. 南方经济（11）：20—33.

樊增强，2015. 跨国公司在华投资造成的环境污染及其监管［J］. 山西师大学报（社会科学版）（3）：78—84.

方齐云，许文静，2017. 新型城镇化建设对绿色经济效率影响的时空效应分析［J］. 经济问题探索（10）：64—72.

付丽娜，陈晓红，冷智花，2013. 基于超效率 DEA 模型的城市群生态效率研究——以长株潭"3+5"城市群为例［J］. 中国人口·资源与环境（4）：169—175.

盖美，孔祥镇，曲本亮，2016. 中国省际传统经济效率与绿色经济效率时空演变分析［J］. 资源开发与市场，32（7）：780—787.

高帆，2015. 我国区域农业全要素生产率的演变趋势与影响因素——基于省际面板数据的实证分析［J］. 数量经济技术经济研究（5）：3—19.

高兴，袁杰，李文霞，张兴文，张殿光，杨凤林，2007. 酒店主要产品服务经济—能源—环境系统分析［J］. 中国人口·资源与环境（4）：81—86.

葛鹏飞，王颂吉，黄秀路，2018. 中国农业绿色全要素生产率测算［J］. 中国人口·资源与环境（5）：66—74.

古希花，马艺芳，梁保平，2014. 广西旅游业能源消耗与二氧化碳排放量估算 [J]. 中国软科学增刊：212—221.

关爱萍，曹亚南，2016. 中国制造业产业转移变动趋势：2001—2014 年 [J]. 经济与管理（6）：66—72.

呙小明，黄森，2017. 碳排放约束下中国旅游业绿色发展效率研究——基于修正三阶段 DEA 模型 [J]. 技术经济与管理研究（4）：8—13.

呙小明，张宗益，2012. 我国交通运输业能源强度影响因素研究 [J]. 管理工程学报（4）：90—99.

郭玲玲，卢小丽，武春友，曲英，2016. 中国绿色增长评价指标体系构建研究 [J]. 科研管理，37（6）：141—150.

韩海彬，赵丽芬，张莉，2014. 异质型人力资本对农业环境全要素生产率的影响——基于中国农村面板数据的实证研究 [J]. 中央财经大学学报（5）：105—112.

韩海彬，赵丽芬，2013. 环境约束下中国农业全要素生产率增长及收敛分析 [J]. 中国人口·资源与环境，23（3）：70—76.

郝良峰，邱斌，2016. 基于同城化与产业同构效应的城市层级体系研究——以长三角城市群为例 [J]. 重庆大学学报（社会科学版）（1）：22—32.

何艳，2007. 外资对中国经济的影响：基于来源地差异视角 [J]. 财贸经济（4）：12—16.

何勇，2003. 基于 GIS 的农机化发展水平区域划分系统的研究 [J]. 农业工程学报，19（3）：85—89.

胡晓琳，2016. 中国省际环境全要素生产率测算、收敛及其影响因素研究 [D]. 南昌：江西财经大学.

胡林林，贾俊松，周秀，2015. 我国旅游住宿碳排放时空特征及其主要影响因素 [J]. 中南林业科技大学学报（3）：123—128.

胡鹏辉，田牧野，2014. 农业绿色转型：意义与道路 [J]. 西南石油大学学报（社会科学版）（1）：46—49.

黄庆华，周志波，刘晗，2014. 长江经济带产业结构演变及政策取向 [J]. 经济理论与经济管理（6）：92—101.

参考文献

黄台心，陈盈秀，2004. 应用三阶段估计法探讨台湾地区银行业经济效率［J］. 货币市场（9）：12—17.

金书秦，沈贵银，2013. 中国农业面源污染的困境摆脱与绿色转型［J］. 改革（5）：79—87.

靳卫东，王林杉，徐银良，2016. 区域产业转移的定量测度与政策适用性研究［J］. 中国软科学（10）：71—89.

赖斯芸，杜鹏飞，陈吉宁，2004. 基于单元分析的非点源污染调查评估方法［J］. 清华大学学报（自然科学版），44（9）：1184—1187.

雷厉，仲云云，2011. 中国区域碳排放的因素分解模型及实证分析［J］. 当代经济科学（9）：59—65.

冷艳丽，冼国明，杜思正，2015. 外商直接投资与雾霾污染——基于中国省际面板数据的实证分析［J］. 国际贸易问题（12）：74—84.

李朝林，符田凤，王利，2018. 我国农业绿色全要素生产率的测度及其影响因素研究［J］. 淮南师范学院学报（3）：30—36.

李玲，陈秀羚，2018. 产业链视域下福建省农业绿色化转型的路径［J］. 福建农林大学学报（哲学社会科学版），21（1）：29—33.

李玲，王小娥，2018. 基于 DEMATEL 方法的农业绿色化转型影响因素分析——以福建省为例［J］. 南京理工大学学报（社会科学版）（2）：50—56.

李玲，陶锋，杨亚平，2013. 中国工业增长质量的区域差异研究——基于绿色全要素生产率的收敛分析［J］. 经济经纬（4）：10—15.

李雪松，张雨迪，孙博文，2017. 区域一体化促进了经济增长效率吗？——基于长江经济带的实证分析［J］. 中国人口·资源与环境（1）：10—19.

李敦瑞，2016. 产业转移背景下我国工业污染空间格局的演变［J］. 经济与管理（1）：49—53.

李静，倪冬雪，2015. 中国工业绿色生产与治理效率研究——基于两阶段 SBM 网络模型和全局 Malmquist 方法［J］. 产业经济研究（3）：42—53.

李卫，薛彩霞，朱瑞祥，郭康权，2014. 中国农机装备水平区域不平衡的测度与分析［J］. 经济地理，37（7）：116—122.

李谷成，2014. 中国农业的绿色生产率革命：1978—2008 年 [J]. 经济学（季刊），13（2）：537—558.

李谷成，陈宁陆，闵锐，2011. 环境规制条件下中国农业全要素生产率增长与分解 [J]. 中国人口·资源与环境，21（11）：153—160.

李斌，彭星，欧阳铭珂，2013. 环境规制、绿色全要素生产率与中国工业发展方式转变——基于 36 个工业行业数据的实证研究 [J]. 中国工业经济（4）：56—68.

李博，2013. 中国地区技术创新能力与人均碳排放水平——基于省级面板数据的空间计量实证分析 [J]. 软科学（1）：26—30.

李伯华，刘云鹏等，2012. 旅游风景区旅游交通系统碳足迹评估及影响因素分析——以南岳衡山为例 [J]. 资源科学，34（5）：956—963.

李海东，王善勇，2012. "两型"社会建设中生态效率评价及影响因素实证分析——以 2006—2009 年省级面板数据为例 [J]. 电子科技大学学报（社科版）（6）：72—77.

李波，张俊飚，李海鹏，2011. 中国农业碳排放时空特征及影响因素分解 [J]. 中国人口·资源与环境，21（8）：80—86.

李锴，齐绍洲，2011. 贸易开放、经济增长与中国二氧化碳排放 [J]. 经济研究（1）：60—72.

李风琴，李江风，胡晓晶，2010. 鄂西生态文化旅游圈碳排放测算与碳效用研究 [J]. 安徽农业科学（29）：16444-16445+16449.

李鹏，黄继华，莫延芬，等，2010. 昆明市四星级酒店住宿产品碳足迹计算与分析 [J]. 旅游学刊，25（3）：27—34.

梁俊，龙少波，2015. 农业绿色全要素生产率增长及其影响因素 [J]. 华南农业大学学报（社会科学版）（3）：1—12.

梁萍，2013. 低碳经济实证及对策研究阴 [J]. 中国集体经济（7）：37—38.

梁流涛，2009. 农村生态环境时空特征及其演变规律研究 [D]. 南京：南京农业大学.

林善浪，叶炜，张丽华，2017. 农村劳动力转移有利于农业机械化发展吗——基于改进的超越对数成本函数的分析［J］. 农业技术经济（7）：4—17.

刘满凤，黄倩，黄珍珍，2017. 区际产业转移中的技术和环境双溢出效应分析——来自中部六省的经验验证［J］. 华东经济管理（3）：60—68.

刘耀彬，袁华锡，王喆，2017. 文化产业集聚对绿色经济效率的影响——基于动态面板模型的实证分析［J］. 资源科学，39（4）：747—755.

林伯强，刘泓汛，2015. 对外贸易是否有利于提高能源环境效率——以中国工业行业为例［J］. 经济研究（9）：127—141.

刘战伟，2014. 环境管制与中国农业全要素生产率增长研究［J］. 科技管理研究（18）：232—237.

林伯强，蒋竺均，2009. 中国二氧化碳的环境库兹涅茨曲线预测及影响因素分析［J］. 管理世界（4）：27—36.

刘超，朱满德，陈其兰，2018. 农业机械化对我国粮食生产的影响：产出效应、结构效应和外溢效应［J］. 农业现代化研究，39（4）：591—600.

刘斌斌，黄吉焱，2017. FDI 进入方式对地区绿色技术创新效率影响研究——基于环境规制强度差异视角［J］. 当代财经（4）：89—98.

刘佳，赵金金，2013. 中国旅游能源消耗与旅游经济增长的关联机制研究——基于空间面板数据模型［J］. 云南地理环境研究（5）：1—7.

刘畅，2011. 论跨国公司对华投资与我国低碳经济的发展［J］. 国际商务——对外经济贸易大学学报（3）：90—98.

龙如银，李梦，李倩文，2017. 产业转移对中国省域工业能源效率的影响研究——基于空间溢出视角的实证检验［J］. 生态经济（3）：85—89.

卢秉福，韩卫平，朱明，2015. 农业机械化发展水平评价方法比较［J］. 农业工程学报（16）：46—49.

卢兰兰，毕冬勤，刘壮，杨春雷，肖旭东，2013. 光伏太阳能电池生产过程中的污染问题［J］. 中国科学：化学（6）：687—703.

陆玉麒，董平，2017. 新时期推进长江经济带发展的三大新思路［J］. 地理研究（4）：605—615.

罗芳，鲍宏礼，2010. 农业机械化与农村剩余劳动力转移的关联度分析

［J］．湖北农业科学（5）：1263—1266．

吕彬，杨建新，2006．生态效率方法研究进展与应用［J］．生态学报（11）：3898—3906．

马勇，王佩佩，2015．旅游者低碳旅游消费倾向影响因素研究［J］．旅游研究，7（1）：1—6．

闵锐，李谷成，2012．环境约束条件下的中国粮食全要素生产率增长与分解——基于省域面板数据与序列 Malmquist - Luenberger 指数的观察［J］．经济评论（5）：34—42．

聂玉立，温湖炜，2015．中国地级以上城市绿色经济效率实证研究［J］．中国人口·资源与环境，25（S1）：409—413．

潘丹，2014．基于资源环境约束视角的中国农业绿色生产率测算及其影响因素解析［J］．统计与信息论坛，29（8）：27—33．

潘丹，2014．考虑资源环境因素的中国农业绿色生产率评价及其影响因素分析［J］．中国科技论坛（11）：149—154．

潘丹，2013．基于资源环境约束的中国农业绿色生产率研究［M］．北京：中国环境出版社．

潘丹，应瑞瑶，2013．环境污染约束下农业生产率增长地区差异及其动态分布演进［J］．中国科技论坛，1（5）：60—67．

潘丹，应瑞瑶，2013．资源环境约束下的中国农业全要素生产率增长研究［J］．资源科学，35（7）：1329—1338．

潘丹，应瑞瑶，2012．中国农业全要素生产率增长的时空变异：基于文献的再研究［J］．经济地理，32（7）：113－117＋128．

庞加兰，2016．工业绿色生产率改进及其影响因素的统计检验［J］．统计与决策（18）：136—140．

彭星，李斌，2015．贸易开放、FDI 与中国工业绿色转型——基于动态面板门限模型的实证研究［J］．国际贸易问题（1）：166—176．

钱争鸣，刘晓晨，2014．我国绿色发展效率的区域差异及收敛性研究［J］．厦门大学学报（哲学社会科学版）（1）：110—118．

任阳军，汪传旭，2018．中国绿色经济效率的区域差异及空间溢出效应研究［J］．生态经济（2）：93—96．

任海军，姚银环，2016．资源依赖视角下环境规制对生态效率的影响分析——基于SBM超效率模型［J］．软科学，30（6）：35—38．

萨缪尔森．经济学（18版）［M］，2008．萧琛，译．人民邮电出版社．

沈能，张斌，2015．农业增长能改善环境生产率吗？——有条件"环境库兹涅茨曲线"的实证检验［J］．中国农村经济（7）：17—30．

沈能，2013．异质行业假定下FDI环境效应的非线性特征［J］．上海经济研究（2）：13—21．

盛馥来，诸大建，2015．绿色经济：联合国视野中的理论、方法与案例［M］．中国财政经济出版社．

施本植，许树华，2015．产业生态化改造及转型：云南走向绿色发展的思考［J］．云南社会科学（1）：81—85．

石风光，2015．中国省区工业绿色全要素生产率影响因素分析——基于SBM方向性距离函数的实证分析［J］．工业技术经济（6）：137—144．

石培华，吴普，2011．中国旅游业能源消耗与CO_2排放量的初步估算［J］．地理学报，66（2）：235—243．

时磊，2010．外资主导型出口导向战略的"大国困境"：长三角经济发展的困境与对策［J］．华东经济管理（5）：48—51．

宋德勇，邓捷，弓媛媛，2017．我国环境规制对绿色经济效率的影响分析［J］．学习与实践（3）：23—33．

宋永辉，2010．辽宁省FDI对绿色经济影响的实证研究［J］．商场现代化（11）：123—124．

苏方林，宋帮英，2010．广西碳排放量与影响因素关系的VAR实证分析［J］．西南民族大学学报（9）：140—144．

孙源远，武春友，2008．工业生态效率及评价研究综述［J］．科学学与科学技术管理（11）：192—194．

索贵彬，2005．基于超效率DEA方法的第三产业竞争力评价［J］．统计研究（7）：58—60．

谭秋成，2015．作为一种生产方式的绿色农业［J］．中国人口·资源与环境（9）：44—51.

谭丹，黄贤金，胡初枝，2008. 中国工业行业的产业升级与碳排放关系分析［J］. 环境经济（4）：74—78.

滕玉华，刘长进，张征华，2014. 外商直接投资对中国能源效率影响的Meta 分析［J］. 兰州商学院学报（6）：110—114.

涂正革，王秋皓，2018. 中国工业绿色发展的评价及动力研究——基于地级以上城市数据门限回归的证据［J］. 中国地质大学学报（社会科学版）（1）：47—56.

涂正革，2008. 环境、资源与工业增长的协调性——基于方向性环境距离函数对规模以上工业的分析［J］. 经济研究（2）：93—105.

汪清蓉，2012. 旅游线路产品能源消耗及二氧化碳排放量估算方法及实证分析［J］. 生态经济（8）：79—84.

王爱伦，2017. 中国商业部门绿色低碳发展路径研究［D］. 厦门：厦门大学.

王晓云，魏琦，杨秀平，2017. 城市绿色经济效率动态评价及影响因素——基于285个地级以上城市数据的分析［J］. 生态经济，33（2）：68—71.

王红梅，2016. 供给侧改革与我国农业绿色转型［J］. 宏观经济管理（9）：50—54.

王惠，王树乔，苗壮，李小聪，2016. 研发投入对绿色创新效率的异质门槛效应——基于中国高技术产业的经验研究［J］. 科研管理（2）：63—71.

王俊岭，赵瑞芬，2016. 中国钢铁工业循环经济效率与质量二维评价［J］. 技术经济与管理研究（1）：124—128.

王振，孙克强，王晓娟，2016. 长江经济带蓝皮书：长江经济带发展报告（2011—2015）［M］. 社科文献出版社.

王文晋，2015. 污染溢出与区域环境技术创新［J］. 科研管理（9）：19—25.

王军，耿建，2014. 中国绿色经济效率的测算及实证分析［J］. 经济问题（4）：52—55.

王军，2013. 山东省绿色经济效率测算及实证研究［J］. 中国石油大学学报（5）：49—52.

王新利，赵琨，2014. 黑龙江省农业机械化发展对农业经济增长的实证研究［J］. 农业技术经济（6）：31—37.

王亚奇，陈学刚，关丽萍，2013. 新疆地区旅游业与城镇化互动发展研究［J］. 安徽农业科学（14）：6352—6353.

王奇，王会，陈海丹，2012. 中国农业绿色全要素生产率变化研究：1992—2010［J］. 经济评论（5）：24—33.

王立国，廖为明，黄敏，等，2011. 基于终端消费的旅游业碳排放测算——以江西省为例［J］. 生态经济（5）：121—124.

王进猛，沈志渔，2010. 外资进入方式对交易成本的影响：实证检验及政策建议［J］. 中国工业经济（7）：66—73.

王睿，蒲勇健，2009. 我国农村居民收入影响因素的实证分析——基于投入产出效率的研究［J］. 山西财经大学学报（2）：55—62.

魏玮，周晓博，薛智恒，2017. 环境规制对不同进入动机 FDI 的影响——基于省际面板数据的实证研究［J］. 国际商务——对外经济贸易大学学报（1）：110—119.

魏小安，2009. 低碳经济与低碳旅游［N］. 中国旅游报 11 月 30 日（第二版）.

吴传清，宋子逸，2018. 长江经济带农业绿色全要素生产率测度及影响因素研究［J］. 科技进步与对策（7）：35—41.

吴传清，张雅晴，2018. 环境规制对长江经济带工业绿色生产率的门槛效应［J］. 科技进步与对策（8）：46—51.

吴齐，杨桂元，2017. 中国区域绿色经济效率的评价与分析［J］. 统计与决策（17）：67—71.

吴晓波，赵广华，2010. 论低碳产业集群的动力机制——基于省级面板数据的实证分析［J］. 经济理论与经济管理（8）：15—19.

吴文化，樊桦，李连成，等，2008. 交通运输领域能源利用效率、节能潜力与对策分析［J］. 宏观经济研究（6）：28－33＋63.

武春友，郭玲玲，于惊涛，2017. 基于 TOPSIS 灰色关联分析的区域绿色增长系统评价模型及实证［J］.管理评论,29（1）:228—239.

武春桃,陈志伟,2014.外商直接投资技术溢出对工业能源效率的影响［J］,中国科技论坛（9）:52—57.

席建超,赵美风,葛全胜,2011.乡村旅游诱导下农户能源消费模式的演变——基于六盘山生态旅游区的农户调查分析［J］.自然资源学报（6）:981—991.

肖锐,陈池波,2017.财政支持能提升农业绿色生产率吗?——基于农业化学品投入的实证分析［J］.中南财经政法大学学报（1）:18－24＋158.

谢靖,廖涵,2017.异质性外资、环境规制与出口技术复杂度提升——基于华东地区六省一市的实证研究［J］.华东经济管理（12）:11—19.

谢浩,张明之,2016.长三角地区产业同构合意性研究——基于产业中类制造业数据的分析［J］.世界经济与政治论坛（4）:156—168.

徐廷廷,2015.长江经济带产业分工合作演化研究［D］.上海:华东师范大学.

徐盈之,皱芳,2010.基于投入产出分析法的中国各产业部门碳减排责任研究［J］.产业经济研究（5）:27—35.

许和连,邓玉萍,2012.外商直接投资导致了中国的环境污染吗?——基于中国省际面板数据的空间计量研究［J］.管理世界（2）:30—43.

薛建良,李秉龙,2011.基于环境修正的中国农业全要素生产率度量［J］.中国人口·资源与环境,21（5）:113—118.

严中成,漆雁斌,廖俊,2018.我国农业机械化水平评价方法的对比分析［J］.农机化研究（10）:1－5＋74.

严先锋,王辉,黄靖,2017.绿色转型视角下地区农业发展与干预机制研究——基于农业绿色全要素生产率的分析［J］.科技管理研究（21）:253—260.

颜洪平,2016.中国工业绿色全要素生产率增长及其收敛性研究——基于GML指数的实证分析［J］.西北工业大学学报（社会科学版）（2）:44—51.

杨丽琴,刘海兵,梁婷,2015.西北民族地区城镇化与旅游业发展互动关系研究——基于宁夏回族自治区的实证研究［J］. 西北人口（1）：102—104.

杨昌鹏，2012. 贵州城镇化水平与旅游业发展关系研究［J］. 贵州社会科学（1）：76—79.

杨文举，龙睿赟，2012. 中国地区工业绿色全要素生产率增长——基于方向性距离函数的经验分析［J］. 上海经济研究（7）：3-13+21.

杨文举，2011. 基于 DEA 的绿色经济增长核算：以中国地区工业为例［J］. 数量经济技术经济研究（1）：19—34.

杨文举，2009. 中国地区工业的动态环境绩效：基于 DEA 的经验分析［J］. 数量经济技术经济研究（6）：87—98.

杨杰，宋马林，2011. 可持续发展视阈下中国区域环境效率研究——基于 Super - SBM 与面板数据模型［J］. 商业经济与管理（9）：57—62.

杨俊，陈怡，2011. 基于环境因素的中国农业生产率增长研究［J］. 中国人口·资源与环境，21（6）：153—157.

杨志，张洪国，2009. 气候变化与低碳经济、绿色经济、循环经济之辨析［J］. 广东社会科学（6）：34—42.

杨印生，刘佩军，李宁，2006. 我国东北地区农业机械化发展的影响因素辨识及系统分析［J］. 农业技术经济（5）：28—33.

杨敏丽，白人朴，2005. 中国农业机械化发展的不平衡性研究［J］. 农业机械学报，36（9）：60—63.

叶晓，2017. 中国地级以上城市绿色经济效率的时空格局与影响因素研究［D］. 上海：华东师范大学.

叶初升，惠利，2016. 农业财政支出对中国农业绿色生产率的影响［J］. 武汉大学学报（哲学社会科学版），69（3）：48—55.

应瑞瑶，潘丹，2012. 中国农业全要素生产率测算结果的差异性研究——基于 Meta 回归分析方法［J］. 农业技术经济（3）：47—55.

尤济红，王鹏，2016. 环境规制能否促进 R&D 偏向于绿色技术研发？——基于中国工业部门的实证研究［J］. 经济评论（3）：26—38.

于法稳，2017. 中国农业绿色转型发展的生态补偿政策研究［J］. 生态经济（3）：14—23.

于法稳，2016. 实现我国农业绿色转型发展的思考［J］. 生态经济（4）：42－44＋88.

于文静，2009. 长江经济带区域经济发展差异及协调度的定量分析［D］. 上海：华东师范大学.

于涛方，甄峰，吴泓，2007. 长江经济带区域结构："核心—边缘"视角［J］. 城市规划学刊（3）：41—48.

原毅军，谢荣辉，2016. 环境规制与工业绿色生产率增长——对"强波特假说"的再检验［J］. 中国软科学（7）：144—154.

原毅军，谢荣辉，2015. FDI、环境规制与中国工业绿色全要素生产率增长——基于 Luenberger 指数的实证研究［J］. 国际贸易问题（8）：84—93.

张淑辉，2017. 异质性农村人力资本对农业绿色生产率的影响——基于中国省级面板数据［J］. 山西大学学报（哲学社会科学版）（5）：127—138.

张文博，邓玲，尹传斌，2017. "一带一路"主要节点城市的绿色经济效率评价及影响因素分析［J］. 经济问题探索（11）：84—90.

张超，王春杨，吕永强，沈体雁，2015. 长江经济带城市体系空间结构——基于夜间灯光数据的研究［J］. 城市发展研究（3）：19—27.

张永礼，陆刚，武建章，2015. 基于 MIV 和 GABP 模型的农业机械化水平影响因素实证分析［J］. 农业现代化研究（6）：1026—1031.

张子龙，薛冰，陈兴鹏，李勇进，2015. 中国工业环境效率及其空间差异的收敛性［J］. 中国人口·资源与环境（2）：30—38.

张茜，2014. 恩施州农业产业结构优化升级与绿色转型研究［D］. 湖北：湖北民族学院.

张敏，张娜，王文，2012. 不同来源地 FDI 对我国能源消费强度的影响［J］. 西安交通大学学报（社会科学版）（2）：13—18.

张成，陆旸，郭路，于同申，2011. 环境规制强度和生产技术进步［J］. 经济研究（2）：113—124.

张明胜，2011. 江西省低碳经济发展评价指标体系的构建及实证分析——基于 DPSIR 模型［D］. 江西：南昌大学.

张欣，2011. 基于政府调控视角的省级区域低碳经济效率研究［D］. 天津：天津大学.

张宗益，呙小明，汪锋，2010. 能源价格上涨对中国第三产业能源效率的冲击——基于 VAR 模型的实证分析［J］. 管理评论（6）：61—70.

张明文，2009. 碳税对经济增长、能源消费与收入分配的影响分析［J］. 技术经济（6）：48—51.

张炳，毕军，黄和平，等，2008. 基于 DEA 的企业生态效率评价：以杭州湾精细化工园区企业为例［J］. 系统工程理论与实践（4）：159—166.

赵丹桂，2018. 我国农业绿色发展的转型升级研究［J］. 农业经济.（11）：23—24.

赵领娣，张磊，徐乐，胡明照，2016. 人力资本、产业结构调整与绿色发展效率的作用机制［J］. 中国人口·资源与环境，26（11）：106—114.

赵峥，刘杨，2016. 丝绸之路经济带城市绿色经济增长效率及影响因素［J］. 宏观质量研究，4（4）：29—37.

赵欣，龙如银，2010. 江苏省碳排放现状及因素分解实证分析［J］. 中国人口·资源与环境（7）：25—30.

赵斌，2006. 绿色经济理论与云南中华生物谷创建［D］. 四川：四川大学.

甄霖，杜秉贞，刘纪远，孙传谆，张强，2013. 国际经验对中国西部地区绿色发展的启示：政策及实践［J］. 中国人口·资源与环境（10）：8—16.

郑强，冉光和，谷继建，2016. 外商直接投资、经济增长与环境污染——基于中国式分权视角的实证研究［J］. 城市发展研究（5）：20—24.

郑长德，刘帅，2011. 基于空间计量经济学的碳排放与经济增长分析［J］，中国人口·资源与环境（5）：80—86.

周杰琦，汪同三，2017. 外商投资、环境监管与环境效率［J］. 产业经济研究（4）：67—79.

周英男，杨文晶，杨丹，2017. 中国绿色增长政策影响因素提取及建构研究［J］．科学学与科学技术管理，38（2）：12—19．

周伟，ADEL BEN YOUSSEF，吴先明，2016．内向型 FDI、汇率波动与中国出口竞争力［J］．社会科学研究（4）：34—39．

周芸，2013．广东省 FDI 对能源消费强度影响研究［D］．广东：暨南大学．

周五七，聂鸣，2012．低碳转型视角的中国工业全要素生产率增长——基于 1998—2010 年行业数据的实证分析［J］．财经科学（10）：73—83．

周孝坤，冯钦，廖嵘，2010．农村剩余劳动力转移影响因素的实证研究［J］．统计与决策（16）：74—77．

朱英明，2017．地区二元性、出口导向型 FDI 地区分布不平衡性与中国地区经济差距扩大［J］．浙江师范大学学报（社会科学版）（5）：9—20．

朱鹏，卢爱珍，2013．FDI 对我国能源效率的影响分析——基于能源资源丰裕度差异的比较［J］．山西财经大学学报（S1）：11—12．

朱佳伟，2010．中国第三产业能源经济效率评价研究［D］．上海：上海交通大学．

诸大建，2008．生态文明与绿色发展［M］．上海人民出版社．

庄静怡，2013．环境政策、技术创新与陕西省工业生态效率研究［D］．陕西：陕西师范大学．

邹永广，2011．旅游景区碳排放测算及其对环境影响［J］．重庆师范大学学报：自然科学版（5）：74—78．

左凯，2015．中小型外资企业在中国的发展困境与对策探讨［J］．中国市场（28）：276—276．

ABDOULI M，HAMMAMI S，2017．Economic Growth，FDI Inflows and Their Impact on the Environment：an Empirical Study for the MENA Countries［J］．Quality & Quantity，51（1）：1—26．

Al-MULALI U，TANG C F，2013．Investigating the Validity of Pollution Haven Hypothesis in the Gulf Cooperation Council（GCC）Countries［J］．Energy Policy，60（5）：813—819．

AGHION P，HOEITT P W，1998．Endogenous Growth Theory［M］．MIT Press．

参考文献

ANSELIN L, 1995. Local Indicators of Spatial Association – LISA [J]. Geographical Analysis (27): 93—115.

ANDERSEN P, PETERSEN N C, 1993. A procedure for ranking efficient units in data envelopment analysis [J]. Management Science, 39 (10): 1261—1264.

ABRAMOVITZ J N, 1991. Investing in biological diversity: U. S. research and conservation efforts in developing countries. [J]. Washington D.

BECKEN S, PATTERSON M, 2009. Measuring national carbon dioxide emissions from tourism as a key step towards achieving sustainable tourism [J]. Journal of Sustainable Tourism, 14 (4): 323—338.

BECKEN S, SIMMONS D G, et. al, 2003. Energy use associated with different travel choices [J]. Tourism Management, 24 (3): 267—277.

BECKEN S, SIMMONS D G, 2002. Understanding energy consumption patterns of tourist attractions and activities in New Zealand [J]. Tourism Management, 23 (4): 343—354.

BECKEN S, 2002. Analyzing international tourist flows to estimate energy use associated with air travel [J]. Journal of Sustainable Tourism, 10 (2): 114—31.

BECKEN S, FRAMPTON C, et al, 2001. Energy consumption patterns in the accommodation sector: the New Zealand case [J]. Ecological Economics, 39 (3): 371—386.

BATTESE G E, COELLI T J, COLBY T C, 1989. Estimation of Frontier Production Functions and Efficiencies of Indian Farms Using Panel Data From ICRISAT's Village Level Studies [J]. Journal of Quantitative Economics (5): 327—348.

CHEN L, ZHANG X D, FENG H, et al, 2019. Regional green development level and its spatial relationship under the constraints of haze in China [J]. Journal of Cleaner Production, 210 (2): 276—387.

CHUNG Y H, FARE R, GROSSKOPF S, 1997. Productivity and undesirable outputs: a directional distance function approach [J]. Journal of Environmental Management, 51 (3): 229—240.

CHARNES A, COOPER W W, LEWIN A Y, SEIFORD L M, 1994. Extensions to DEA models, data envelopment analysis: theory, methodology and application [M]. Norwell, Massachusetts: Kluwer Academic Publishers.

CHARNES A, CLARK C T, COOPER W W, GOLANY B, 1985. A Developmental Study of Data Envelopment Analysis in Measuring the Efficiency of Maintenance Units in the U. S. Air Forces [J]. Annals of Operations Research, 2 (1): 95—112.

DAI H, XIE X, XIE Y, et al, 2015. Green growth: The economic impacts of large-scale renewable energy development in China [J]. Applied Energy (162): 435—449.

DUBOIS G, CERON J P, 2006. Tourism/Leisure Greenhouse Gas Emissions Forecasts for 2050: Factors for Change in France [J]. Journal of Sustainable Tourism, 14 (2): 172—191.

FENG G H, SERLETIS A, 2014. Undesirable Outputs and A Primal Divisia Productivity Index Based on the Directional Output Distance Function [J]. Journal of Econometrics (183): 135—146.

FUSSLER C, JAMES P, 2010. Driving Eco-Innovation: A Breakthrough Discipline for Innovation and Sustainability [M]. Pitman.

FARE R, GROSSKOPF S, 1996. International production frontier: with dynamic DEA [M]. Boston: Kluwer Academic Publisher.

GOSSLING S, 2002. Global environmental consequences of tourism [J]. Global Environmental Change (12): 283—302.

HAILU A, VEEMAN T S, 2001. Non-parametric productivity analysis with undesirable outputs: an application to the Canadian pulp and paper industry [J]. American Journal of Agricultural Economics (83): 605—616.

IVYIRO P, ARMINEN H, 2014. Carbon Dioxide Emissions, Energy Consumption, Economic Growth, and Foreign Direct Investment: Causality Analysis for Sub – Saharan Africa [J]. Energy, 74 (5): 595—606.

JENSEN J L, SUBLETT S, 2017. Macroeconomics [M]. Redefining Risk& Return. Springer International Publishing.

JORGENSON D W, STIROH K J, 2000. Raising the Speed Limit: U. S. Economic Growth in the Information Age [J]. Brookings Papers on Economic Activity (1): 125—210.

KHEDER S B, ZUGRAVU N, 2012. Environmental Regulation and French Firms Location Abroad: An Economic Geography Model in an International Comparative Study [J]. Ecological Economics, 77 (3): 48—61.

KUMAR S, 2006. Environmentally Sensitive Productivity Growth: A Global Analysis Using Malmquist – Luenberger Index [J]. Ecological Economics (56): 280—293.

LIN B, WANG A, 2016. Regional Energy Efficiency of China's Commercial Sector: An Emerging Energy Consumer [J]. Emerging Markets Finance and Trade, 52 (12): 2818—2836.

LIN B, LIU H, 2015. CO2 emissions of China's commercial and residential buildings: Evidence and reduction policy [J]. Building and Environment (92): 418—431.

LIN B, WANG A, 2015. Estimating energy conservation potential in China's commercial sector [J]. Energy (82): 147—156.

LUO L W, LIANG S R, 2016. Study on the efficiency and regional disparity of green technology innovation in China's industrial companies [J]. Chinese journal of population, resources and environment, 14 (4): 262—270.

LUENBERGER D G, 1992. Benefit Functions and Duality [J]. Journal of Mathematical Economics (21): 461—481.

MIELNIK O, GOLDENBERG J, 2002. Foreign direct investment and decoupling between energy and gross domestic product in developing countries [J]. Energy Policy, 30 (2): 87—89.

Oh D H, 2010. A global Malmquist – Luenberger productivity index [J]. Journal of productivity analysis, 34 (3): 183—197.

Oh D H, HESHMATI A, 2010. A sequential Malmquist – Luenberger productivity index: Environmentally sensitive productivity growth considering the progressive nature of technology [J]. Energy Economics, 32 (6): 1345—1355.

OLSTHOORN X D, TYTECA W, WEHRMEYER M, 2001. Wagner. Environmental Indicators for Business [J]. Institute of Environmental Studies, 9 (5): 453—463.

OTTAVIANO G I P, 2001. Monopolistic competition, trade, and endogenous spatial fluctuations [J]. Regional Science and Urban Economics (31): 51—77.

PAZIENZA P, 2015. The Environmental Impact of the FDI Inflow in the Transport Sector of OECD Countries and Policy Implications [J]. International Advances in Economic Research, 21 (1): 105—116.

PAO H T, TSAI C M, 2011. Multivariate Granger Causality between CO_2, Emissions, Energy Consumption, FDI and GDP: Evidence from a Panel of BRIC Countries [J]. Energy, 36 (1): 685—693.

PEETERS P, DUBOIS G, 2010. Tourism travel under climate change mitigation constraints [J]. Journal of Transport Geography, 18 (3): 447—457.

PERCH – NIELSEN S, SESARTIC A, STUCKI M, 2010. The greenhouse gas intensity of the tourism sector: The case of Switzerland [J]. Environmental Science & Policy, 13 (2), 131—140.

PASTOR J T, LOVELL C A K, 2005. A global Malmquist productivity index [J]. Economics Letters, 88 (2): 266—271.

REN S, YUAN B, MA X, et al, 2014. International trade, FDI and embodied CO_2 emissions: A case study of China's industrial sectors [J]. China Economic Review, 28 (1): 123—134.

RUTTAN V W, 2002. Productivity Growth in World Agriculture: Sources and Constrains [J]. Journal of Economic Perspectives, 16 (4): 161—184.

SALING P, ANDREAS K, BRIGTTE D, 2002. Eco – efficiency Analysis by BASF: The Method [J]. The International Journal of Life Cycle Assessment (14): 569—581.

SEIFORD L M, ZHU J, 2002. Modeling undesirable factors in efficiency evaluation [J]. European Journal of Operational Research (142): 16—20.

SCHOU P, 2000. Polluting Non – Renewable Resources and Growth [J]. Environmental and Resource Economics, 16 (2): 211—227.

SCHALTEGGER S, 1990. logieorienttierten Management Instrumenten [J]. Die Unternehmung (3): 113—126.

SOLOW R M, 1974. The Economics of Resources or the Resources of Economics [M]. Classic Papers in Natural Resource Economics. Palgrave Macmillan UK.

STIGLITZ J E, DASGUPTA P, 1971. Differential Taxation, Public Goods, and Economic Efficiency [J]. Cowles Foundation Discussion Papers, 38 (2): 151—174.

SHEPHARD R W, 1970. Multilateral productivity comparisons with undesirable outputs. Economic Journal (93): 883—891.

TYTECA D, 2010. On the Measurement of the Environmental Performance of Firms – A Literature Review and A Productive Efficiency [J]. Journal of Environmental Management (9): 197—215.

TONE K, 2004. Dealing with undesirable outputs in DEA: A slacks – based measure (SBM) approach [Z]. Toronto Presentation at NAPW III.

TONE K, 2001. A slacks – based measure of efficiency in data envelopment analysis [J]. European Journal of Operational Research, 130 (3): 498—509.

TAMIRISA N T, LOKE W K, et al, 1997. Energy and tourism in Hawaii [J]. Annals of Tourism Research, 24 (2): 390—401.

TULKENS H, EECKAUT P V, 1995. Non parametric Efficiency, Progress and Regress Measures For Panel Data: Methodological Aspects [J]. European Journal of Operations Research, 80 (3): 474—499.

VAN BERKEL R, NARAYANASWAMY V, 2012. Eco – efficiency for design and operation of mineral processing plants [C]. CHEMECA 2005, Institute for Chemical Engineering Australia Brisbane, QLD, Australia.

WANG D T, CHEN W Y, 2014. Foreign direct investment, institutional development, and environmental externalities: Evidence from China [J]. Journal of Environmental Management, 135 (4): 81.

WHEELER D, 2006. Trade and the Environment: Theory and Evidence [J]. Economic Development & Cultural Change, 54 (2): 528—531.

WALTER I, UGELOW J L, 1979. Environmental Policies in Developing Countries [J]. Ambio, 8 (2/3): 102—109.

YUE S J, YANG Y, HU Y Y, 2016. Does foreign direct investment affect green growth? evidence from China's experience [J]. Sustainability, 8 (2): 158.

ZHANG X, CHENG X, 2009. Energy consumption, carbon emissions, and economic growth in China [J]. Ecological Economics, (68): 2706—2712.